세상 친절한 비트코인 수업

Bitcoin for the Befuddled
copyright © 2014 by Conrad Barski and Chris Wilmer
ISBN 978-1-59327-573-0
Published by No Starch Press.

암호학자 크롤리와 함께하는

세상 친절한 비트코인 수업

콘래드 바스키·크리스 윌머 지음

정용철·임소영 옮김

미래의 창

저자의 말

우리는 이 책을 통해 시간이 지나도 변하지 않을 비트코인의 개념과 가능성에 대해 전하고 싶었습니다. 와, 얼마나 어려운 작업이었는지 상상도 못 하실 겁니다! 《비트코인의 현재: 1년 뒤에는 이 책의 모든 내용을 부디 무시해주세요!》라는 책을 쓰는 게 훨씬 쉬웠을지도 모릅니다. 비트코인의 주요 기술들과 기술 인프라들은 지금도 급속도로 변화를 겪고 있습니다. 적법성, 가격의 급격한 변동성, 그리고 상점들이 비트코인 결제를 채택하는 것에 대한 논란이 언제 끝날지, 또 2030년에는 이러한 논의가 어떤 형태로 변할지 아무도 모릅니다.

이 책이 미래에도 유용할 수 있도록 우리는 앞으로도 내내 중요할 비트코인의 면모를 재미있게 다뤄보려고 최선을 다했습니다. 여러분이 이 매력적인 주제에 대한 우리의 생각에 즐겁게 동참해주시기를 바랍니다.

콘래드 바스키, 크리스 윌머

목차

저자의 말 5

암호학자 크롤리의 비트코인 표류기 9

1장 비트코인은 무엇인가

- 왜 지금 비트코인인가 50
- 비트코인 사용의 이점 51
- 비트코인의 구성과 복잡성 52

2장 비트코인은 왜 중요한가

- 디지털 통화의 역사 57
- 비트코인의 가능성 61
- 비트코인의 발전 62
- 비트코인의 영향력 66
- 비트코인의 잠재력 68

3장 비트코인의 기초

- 비트코인의 작동 원리 88
- 비트코인의 단위 90
- 비트코인 주소 92
- 개인 키 94
- 비트코인 지갑 96
- 블록체인 104
- 비트코인 채굴 113

4장 비트코인 저장

- 개인 키 저장하는 법 122
- 고온 저장 vs. 저온 저장 123
- 개인 지갑 vs. 호스팅 지갑 124
- 안전, 보안, 편의성 126
- 소량의 비트코인 저장하기 127
- 대량의 비트코인 저장하기 132
- 비트코인 하드웨어 지갑 139
- 비트코인 브레인월렛 143
- 저장 방법 선택하기 145

5장 비트코인 구매

- 비트코인 구매법 149
- 비트코인을 쉽게 구매하는 방법 152
- 비트코인을 효율적으로 구매하는 방법 162
- 비트코인을 재미있게 구매하는 방법 169
- 적합한 구매 방법 탐색하기 175

6장 비트코인 채굴

- 비트코인 채굴이 필요한 이유 179
- 채굴을 통한 공격 방지 184
- 채굴을 통한 통화 분배 187
- 채굴 작동 방식 190
- 수익을 위한 채굴 203
- 이론적 해시율 한계 206
- 채굴의 분산화 209

7장 비트코인 2030

- 2030년 비트코인의 역할 215
- 2030년 비트코이너의 하루 217
- 비트코인의 미래 227

부록: 이상한 세계의 알트코인 230
옮긴이 후기 234
주 237

암호학자 크롤리의
비트코인 표류기

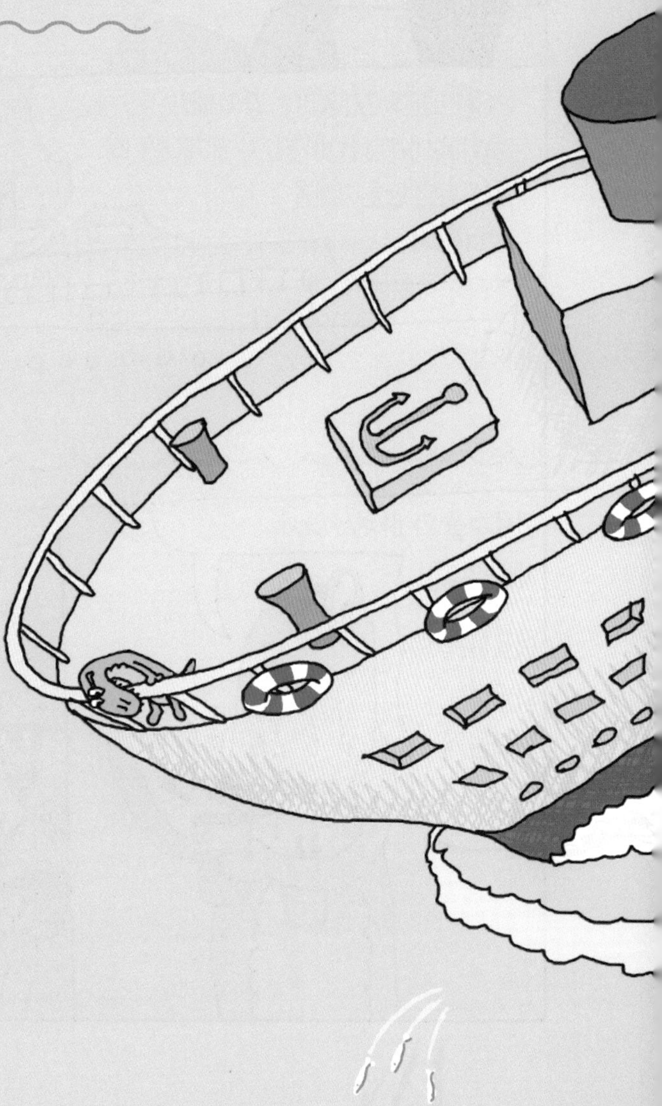

암호학자 크롤리는 암호학 학회에 참가하기 위해 항해를 떠난 참이었습니다.
크롤리, 오후 2시 열리는 강의 얘기 들었어? 어떤 사람이 제2차 세계대전 때 사용했던 암호 기계를 보여준대!
오! 정말 멋지겠다!
음료수를 다 마셔서 다시 채워야겠어.
얘들아, 나 금방 다녀올게.
그래, 다녀와!

저, 실례합니다.
혹시 유명한 암호학자 크롤리 박사님 아니신가요?
흠……. 어, 네……. 그쪽은 누구시죠?
저는 이름을 밝히고 싶지 않습니다만…….
그러면 제가 '봉투 머리'라고 불러도 될까요?
그건 좀 별로인데요…….
'별로 씨'라고 부르면 될까요?
음, 별로네요…….
그럼 '무명 씨'라고 부르면 어떨까요?
차라리 사토시라고 불러주세요!

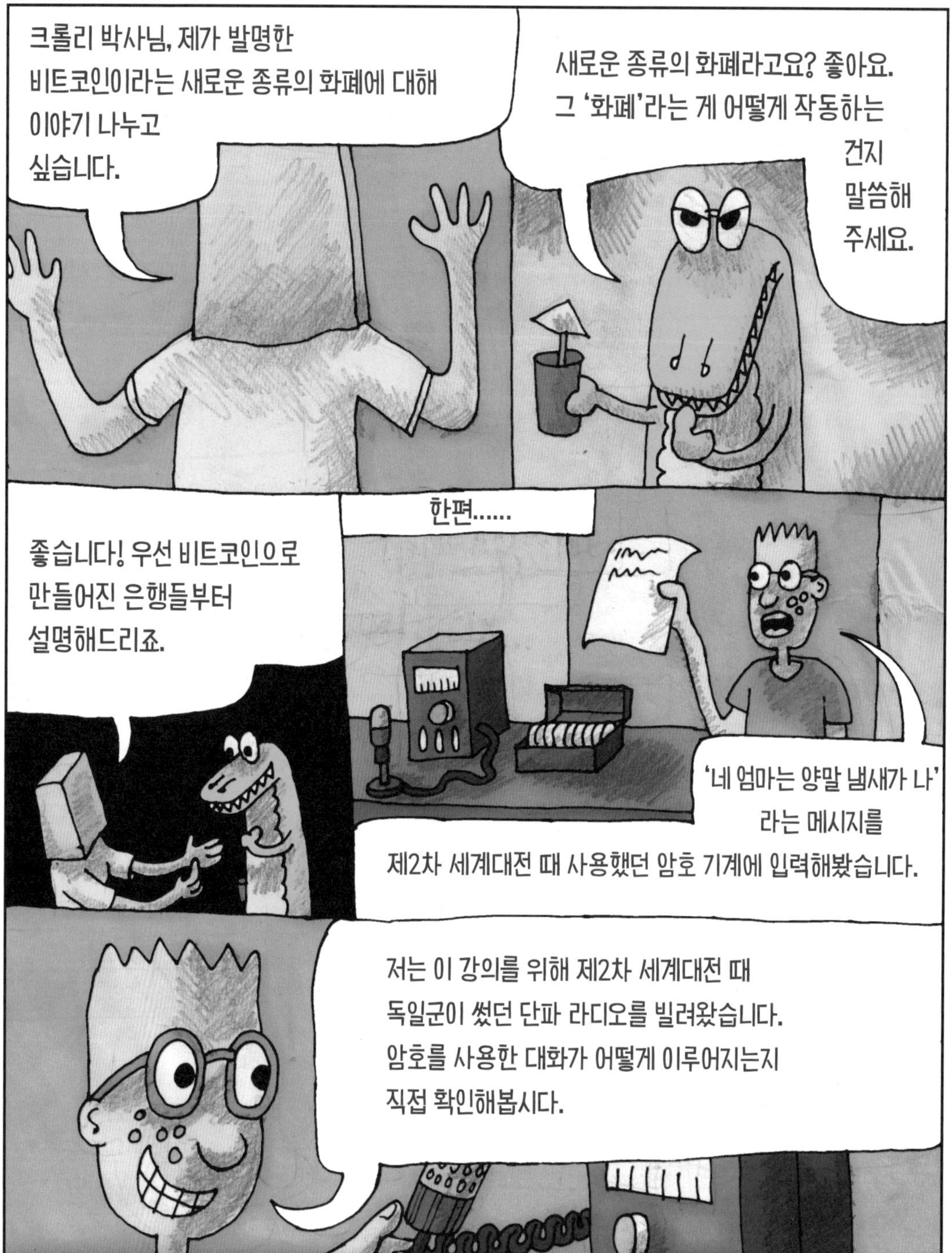
크롤리 박사님, 제가 발명한 비트코인이라는 새로운 종류의 화폐에 대해 이야기 나누고 싶습니다.
새로운 종류의 화폐라고요? 좋아요. 그 '화폐'라는 게 어떻게 작동하는 건지 말씀해 주세요.
좋습니다! 우선 비트코인으로 만들어진 은행들부터 설명해드리죠.
한편......
'네 엄마는 양말 냄새가 나' 라는 메시지를
제2차 세계대전 때 사용했던 암호 기계에 입력해봤습니다.
저는 이 강의를 위해 제2차 세계대전 때 독일군이 썼던 단파 라디오를 빌려왔습니다. 암호를 사용한 대화가 어떻게 이루어지는지 직접 확인해봅시다.

다른 곳에서는……
장군님, 긴 세월이 흐른 끝에 드디어 북서쪽 27도 30해상 마일 떨어져 있는 곳에서 공식적인 메시지가 왔습니다!
정말이냐? 뭐라고 말하고 있나?
한편, 배 안의 크롤리와 사토시는……
……그래서 이 계좌에 40비트코인이 있는 걸 확인할 수 있습니다.
이것들이 장군님 어머니를 욕하고 있습니다!
콰!
막돼먹은 놈! 그런 말을 하다니!

갑작스러운 충돌로 배가 난파해서 승객들은 구명보트에 타지 못했습니다. 당황한 암호학자들은 여기저기서 바다로 뛰어들었고 눈에 띄는 것을 붙잡았습니다.
다행히 크롤리는 자신의 박사 논문 위에 올라타 물 위에 뜰 수 있었습니다.

철썩!
크롤리는 이틀 동안
바다 위를 떠다녔습니다.
그리고 드디어……

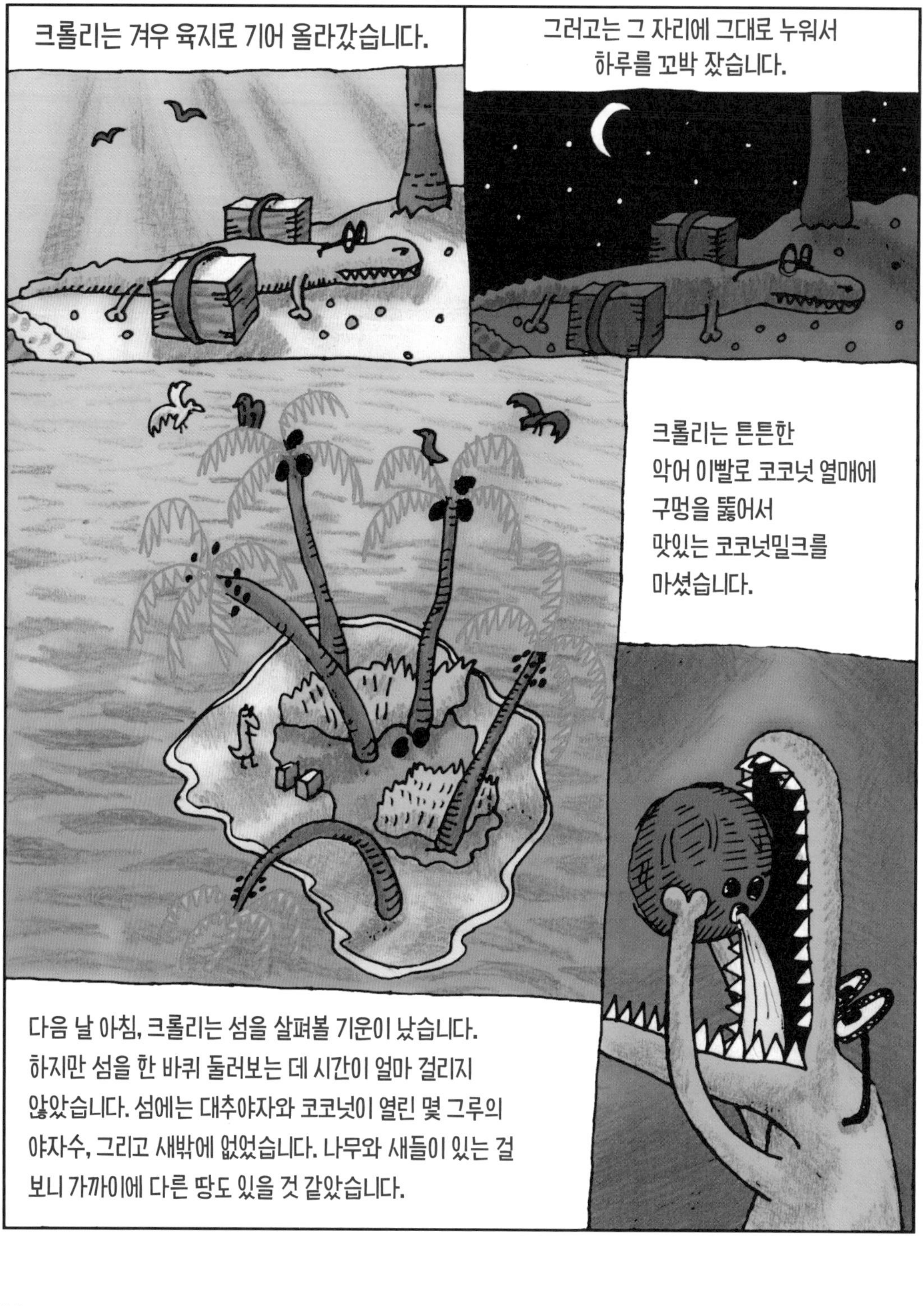
크롤리는 겨우 육지로 기어 올라갔습니다.
그러고는 그 자리에 그대로 누워서 하루를 꼬박 잤습니다.
크롤리는 튼튼한 악어 이빨로 코코넛 열매에 구멍을 뚫어서 맛있는 코코넛밀크를 마셨습니다.
다음 날 아침, 크롤리는 섬을 살펴볼 기운이 났습니다. 하지만 섬을 한 바퀴 둘러보는 데 시간이 얼마 걸리지 않았습니다. 섬에는 대추야자와 코코넛이 열린 몇 그루의 야자수, 그리고 새밖에 없었습니다. 나무와 새들이 있는 걸 보니 가까이에 다른 땅도 있을 것 같았습니다.

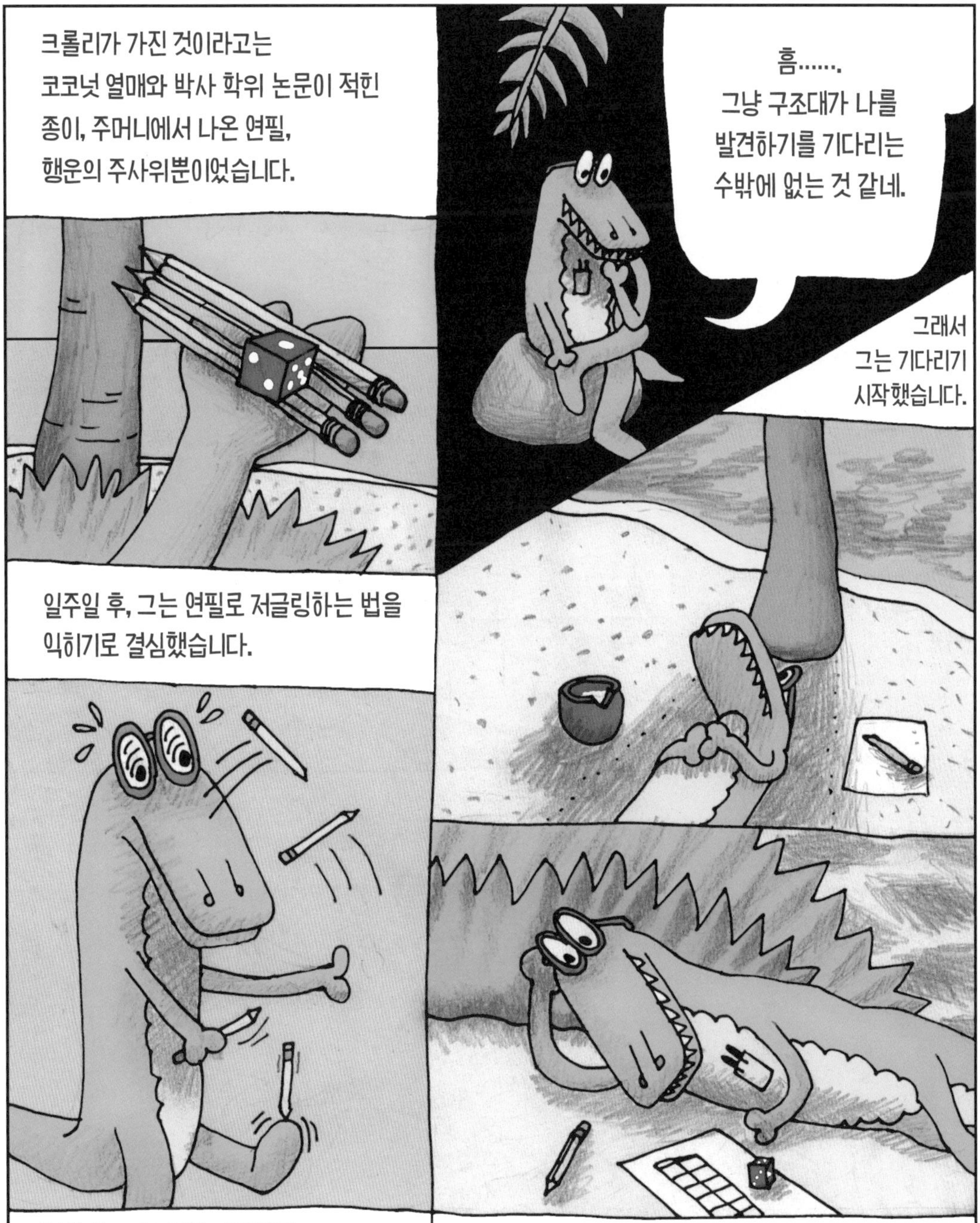

크롤리가 가진 것이라고는
코코넛 열매와 박사 학위 논문이 적힌
종이, 주머니에서 나온 연필,
행운의 주사위뿐이었습니다.
흠…….
그냥 구조대가 나를
발견하기를 기다리는
수밖에 없는 것 같네.
그래서
그는 기다리기
시작했습니다.
일주일 후, 그는 연필로 저글링하는 법을
익히기로 결심했습니다.
두 달 후, 그는 연필 저글링의
달인이 됐습니다.
그 후 넉 달 동안 그는 혼자 주사위 던지기
게임을 하며 시간을 보냈습니다.

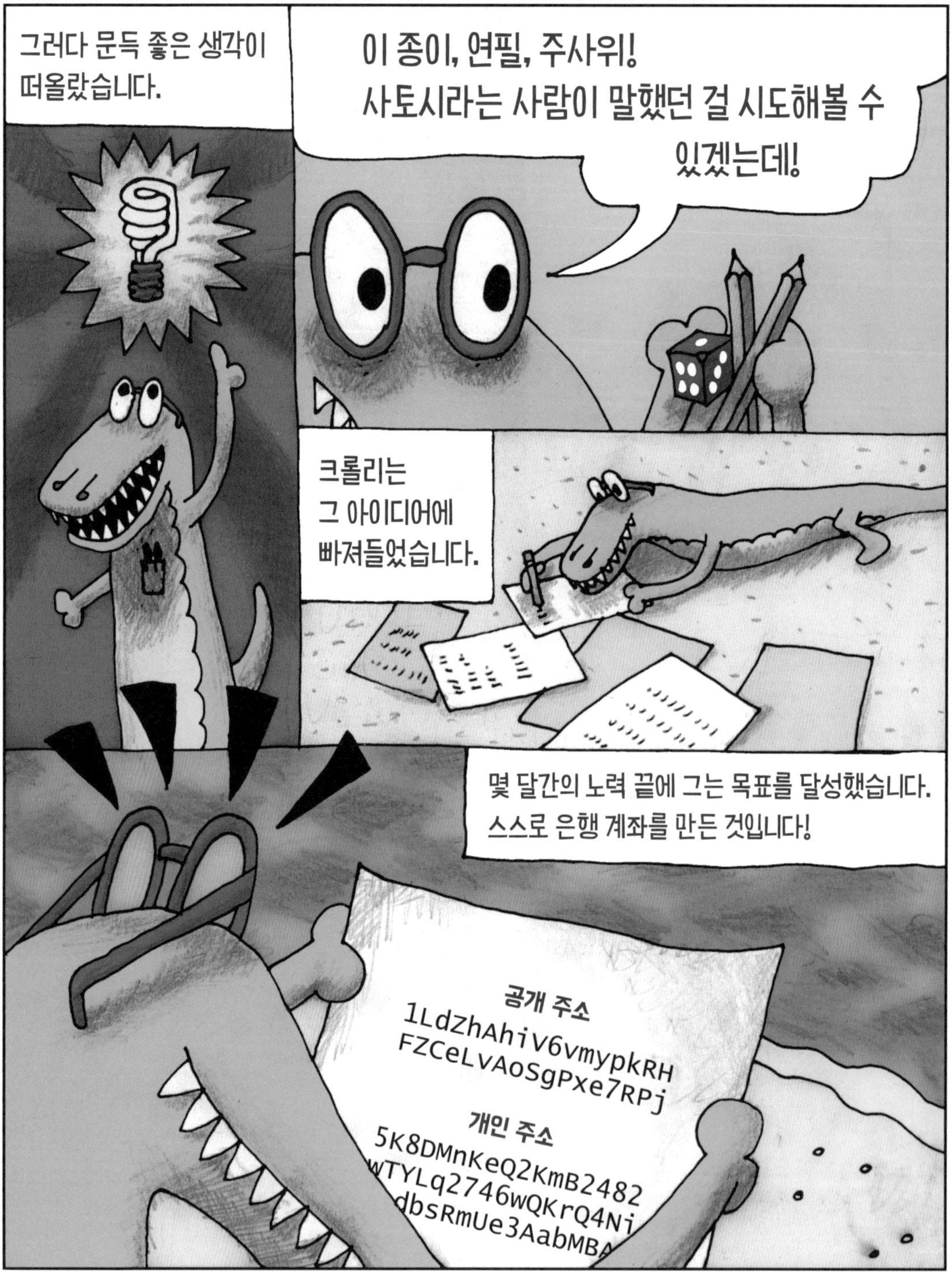
그러다 문득 좋은 생각이 떠올랐습니다.
이 종이, 연필, 주사위! 사토시라는 사람이 말했던 걸 시도해볼 수 있겠는데!
크롤리는 그 아이디어에 빠져들었습니다.
몇 달간의 노력 끝에 그는 목표를 달성했습니다. 스스로 은행 계좌를 만든 것입니다!
공개 주소
1LdzhAhiV6vmypkRH
FZCeLvAoSgPxe7RPj
개인 주소
5K8DMnKeQ2KmB2482
wTYLq2746wQKrQ4Ni
dbsRmUe3AabMBA

크롤리가 직접 자신의 은행 계좌를 만든 것은 대단한 성과입니다!

생각해보세요. 전통적인 화폐(달러화 같은)로 은행 계좌를 만들고자 할 때, 사람들은 어떻게 하나요? 당연히 은행에 가겠죠!

하지만 비트코인과 함께라면 은행이 필요 없습니다! (인터넷 송금 서비스, 신용카드, 정부조차도 필요 없어요.)

누구든 자신의 은행이 될 수 있고 자기 의지대로 은행 계좌를 만들 수 있어요. 여러분에게 필요한 것은 (주사위 같은) 무작위 숫자 생성원과 약간의 계산뿐이죠. 컴퓨터를 이용하면 은행 계좌를 몇 초 만에 만들 수 있습니다.

본질은 비트코인 은행 계좌는 두 개의 주소일 뿐이라는 점입니다. 공개 주소와 개인 주소 말입니다. 누군가 당신에게 송금하기를 원할 때 당신은 공개 주소를 그들에게 주면 됩니다. 당신이 계좌 안의 돈에 접근하고자 할 때는 개인 주소를 사용하면 됩니다.

은행 계좌를 만든 크롤리는 시간을
무료하지 않게 보낼 새로운 방법을
찾아야 했습니다.
음…….
내가 나무에 오를 수 있을까?
본래 악어는 나무를 잘 못 타지만,
크롤리는 계속 노력했습니다.
그러던 어느 날……
다른 섬이다!
수영해서 가기는 너무
멀어 보이는데 어쩌지.

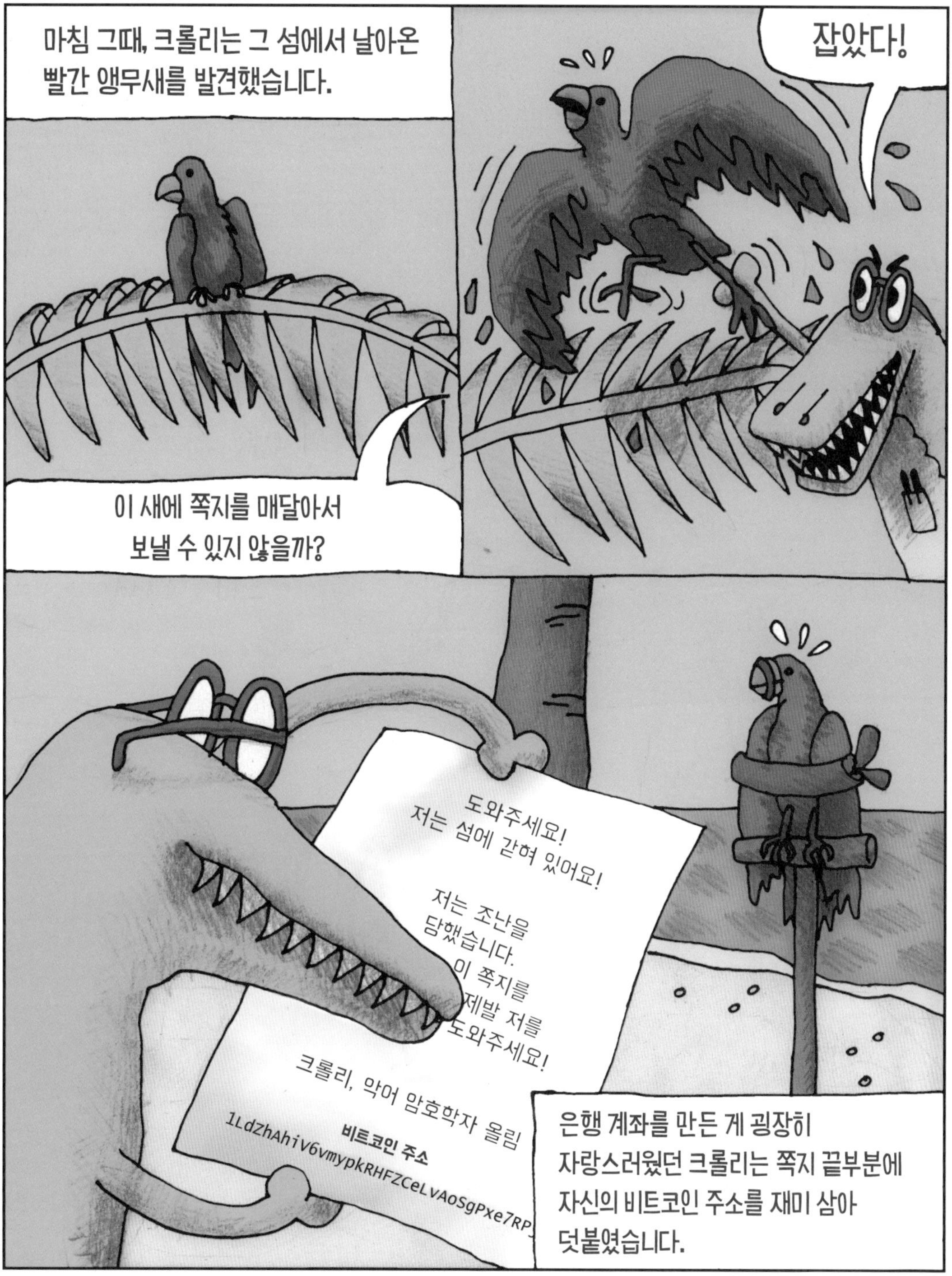

마침 그때, 크롤리는 그 섬에서 날아온
빨간 앵무새를 발견했습니다.
이 새에 쪽지를 매달아서
보낼 수 있지 않을까?
잡았다!
도와주세요!
저는 섬에 갇혀 있어요!
저는 조난을
당했습니다.
이 쪽지를
제발 저를
도와주세요!
크롤리, 악어 암호학자 올림
비트코인 주소
1LdZhAhiV6vmypkRHFZCeLvAoSgPxe7RP
은행 계좌를 만든 게 굉장히
자랑스러웠던 크롤리는 쪽지 끝부분에
자신의 비트코인 주소를 재미 삼아
덧붙였습니다.

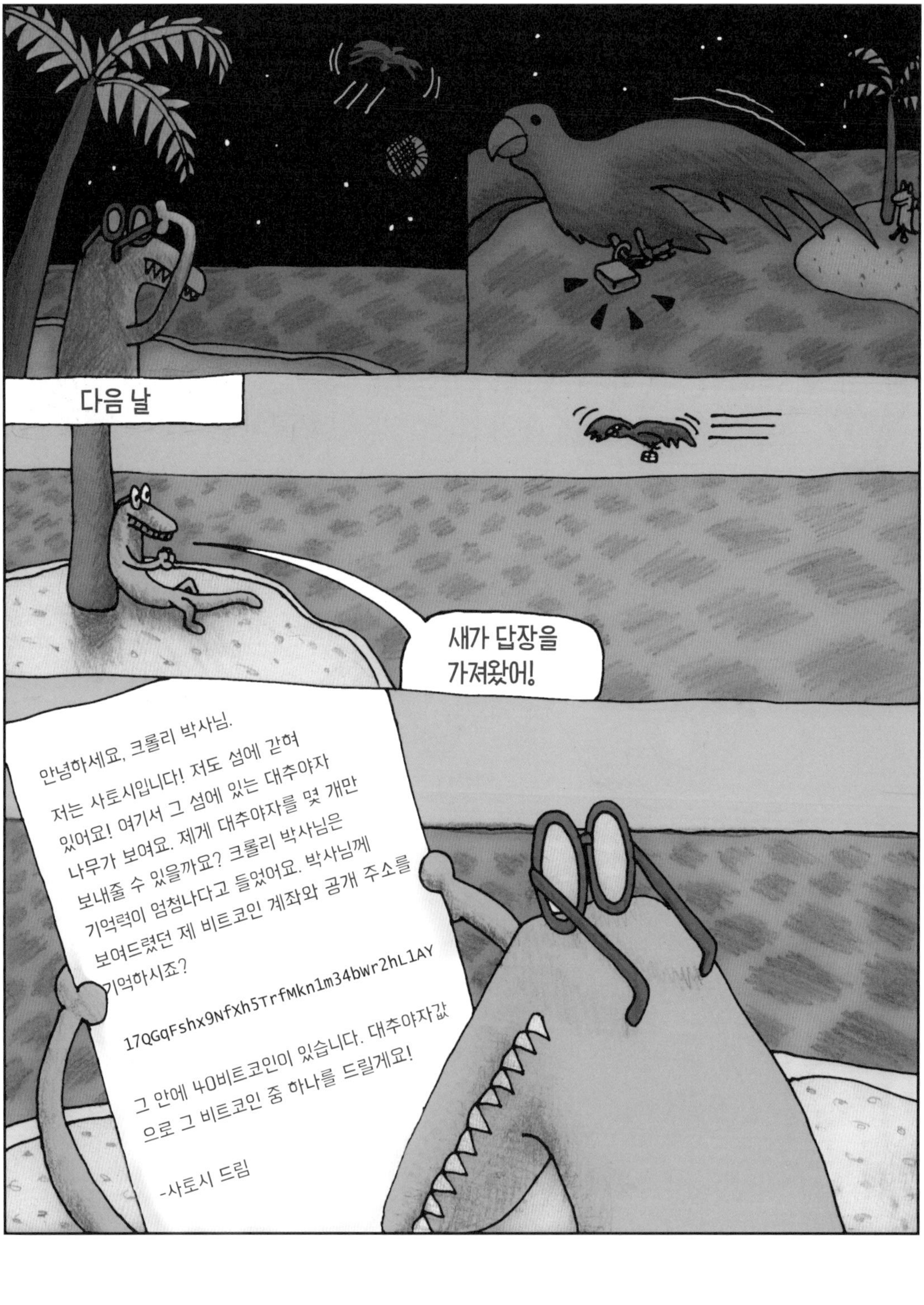
다음 날
새가 답장을
가져왔어!
안녕하세요, 크롤리 박사님.
저는 사토시입니다! 저도 섬에 갇혀
있어요! 여기서 그 섬에 있는 대추야자
나무가 보여요. 제게 대추야자를 몇 개만
보내줄 수 있을까요? 크롤리 박사님은
기억력이 엄청나다고 들었어요. 박사님께
보여드렸던 제 비트코인 계좌와 공개 주소를
기억하시죠?
17QGqFshx9NfXh5TrfMkn1m34bwr2hL1AY
그 안에 40비트코인이 있습니다. 대추야자값
으로 그 비트코인 중 하나를 드릴게요!
-사토시 드림

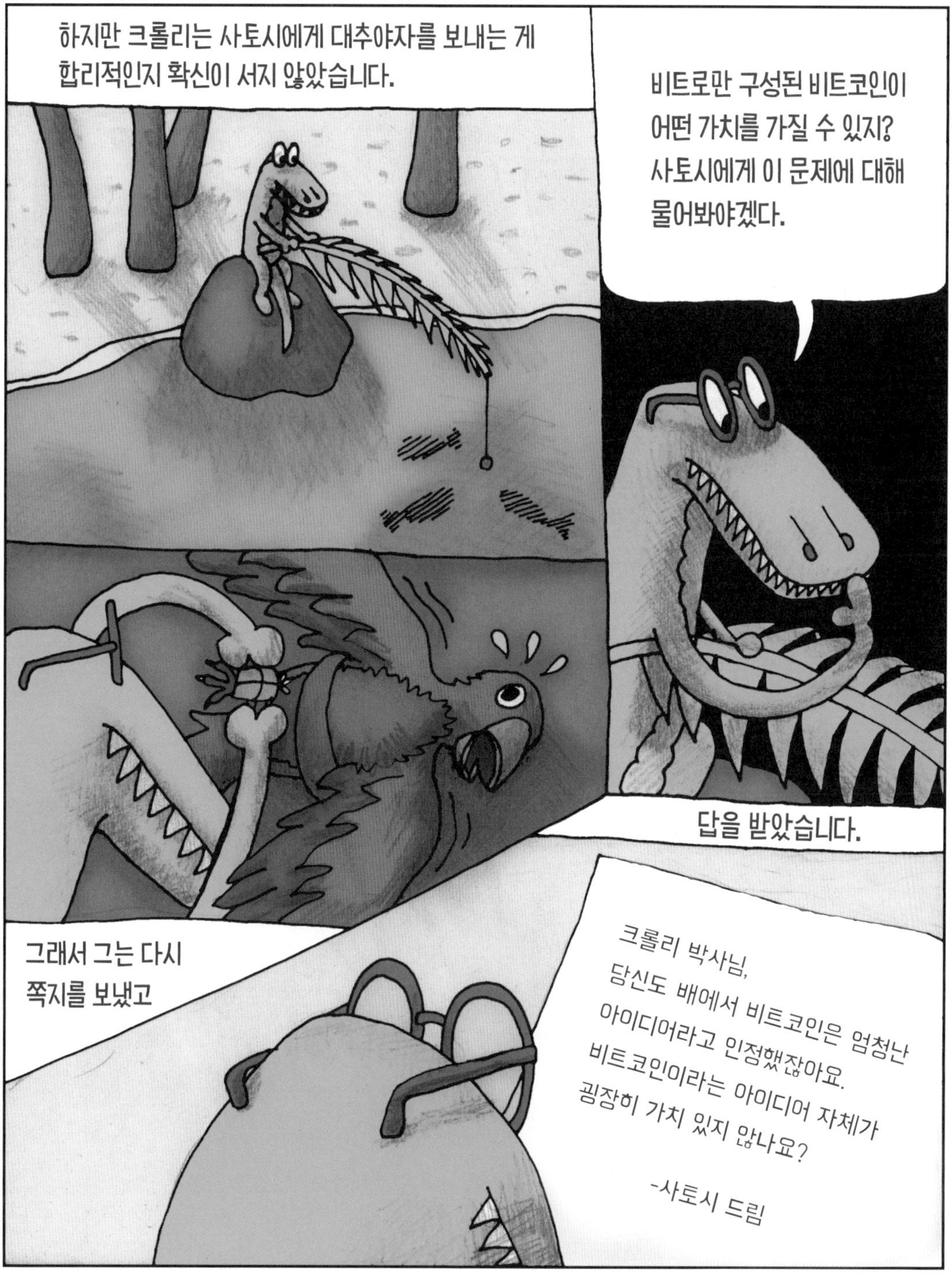
하지만 크롤리는 사토시에게 대추야자를 보내는 게 합리적인지 확신이 서지 않았습니다.
비트로만 구성된 비트코인이 어떤 가치를 가질 수 있지? 사토시에게 이 문제에 대해 물어봐야겠다.
그래서 그는 다시 쪽지를 보냈고
답을 받았습니다.
크롤리 박사님,
당신도 배에서 비트코인은 엄청난 아이디어라고 인정했잖아요.
비트코인이라는 아이디어 자체가 굉장히 가치 있지 않나요?
-사토시 드림

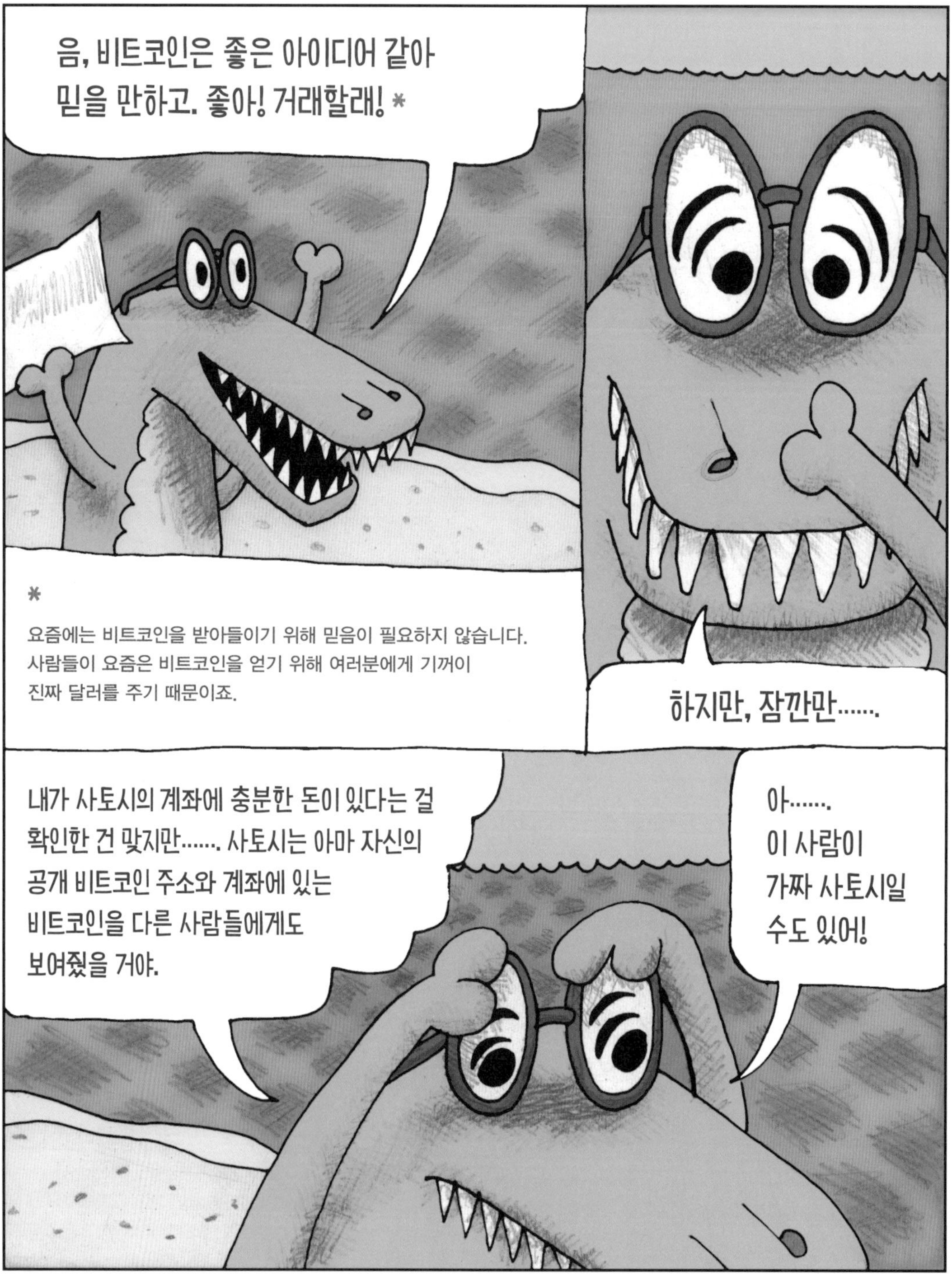
음, 비트코인은 좋은 아이디어 같아
믿을 만하고. 좋아! 거래할래! *
*
요즘에는 비트코인을 받아들이기 위해 믿음이 필요하지 않습니다. 사람들이 요즘은 비트코인을 얻기 위해 여러분에게 기꺼이 진짜 달러를 주기 때문이죠.
하지만, 잠깐만…….
내가 사토시의 계좌에 충분한 돈이 있다는 걸 확인한 건 맞지만……. 사토시는 아마 자신의 공개 비트코인 주소와 계좌에 있는 비트코인을 다른 사람들에게도 보여줬을 거야.
아……. 이 사람이 가짜 사토시일 수도 있어!

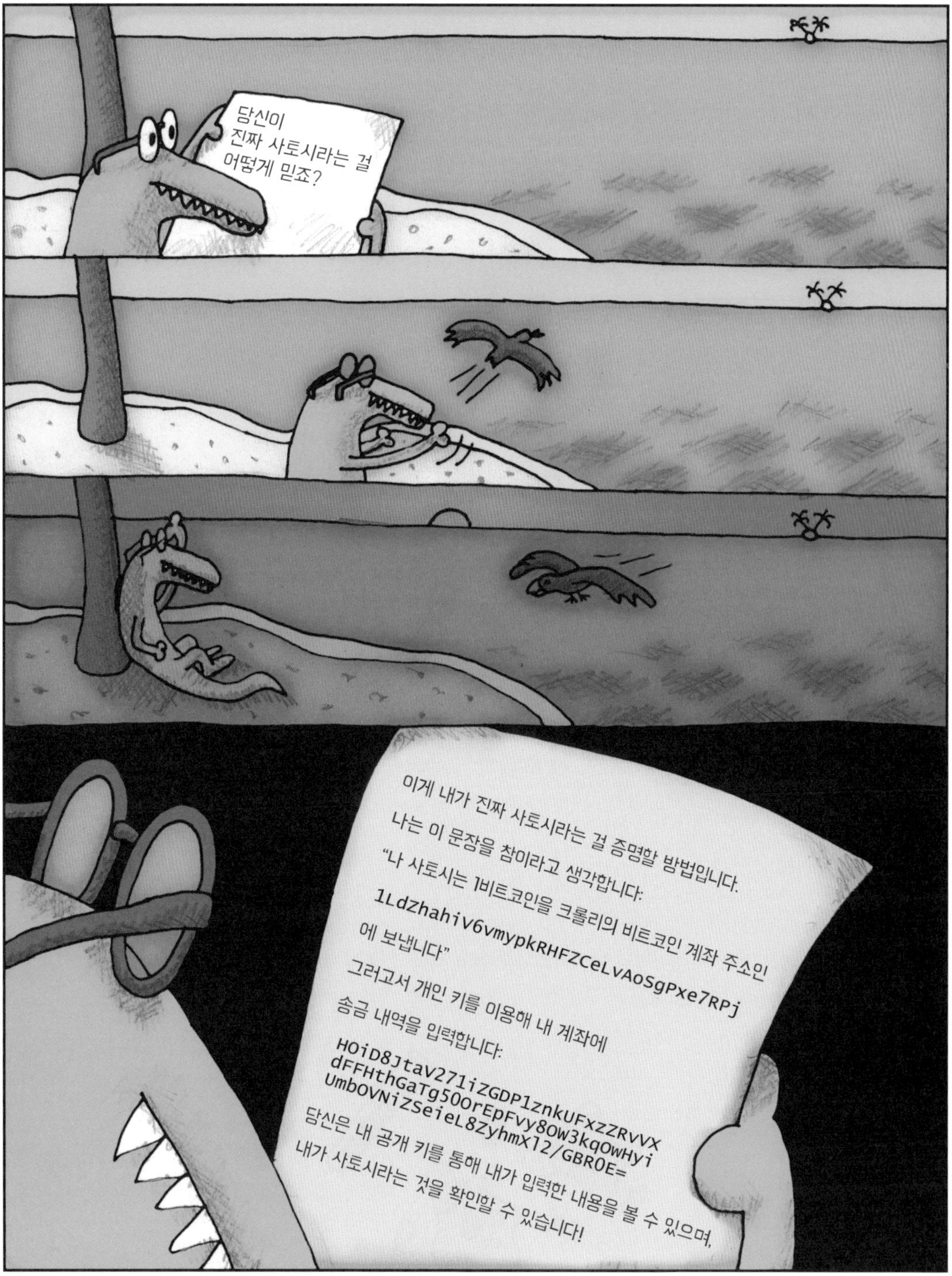

당신이
진짜 사토시라는 걸
어떻게 믿죠?
이게 내가 진짜 사토시라는 걸 증명할 방법입니다.
나는 이 문장을 참이라고 생각합니다:
"나 사토시는 1비트코인을 크롤리의 비트코인 계좌 주소인
1LdZhahiV6vmypkRHFZCeLvAoSgPxe7RPj
에 보냅니다"
그러고서 개인 키를 이용해 내 계좌에
송금 내역을 입력합니다:
HOiD8JtaV271iZGDP1znkUFxZZRvVX
dFFHthGaTg50OrEpFvy8Ow3kqOwHyi
UmbOVNiZSeieL8ZyhmX12/GBR0E=
당신은 내 공개 키를 통해 내가 입력한 내용을 볼 수 있으며,
내가 사토시라는 것을 확인할 수 있습니다!

보다시피 사토시는 자신의 개인 키로 메시지에 서명할 수 있습니다. 이를 통해 크롤리에게 알려준 비트코인 주소가 자신의 것이라는 사실을 증명할 수 있습니다. 이를 이해하려면 수학자들이 오래전에 발견한 기묘한 불균형에 대해 알아야 합니다.

1. 어떤 큰 숫자가 인수를 가지고 있는지 아닌지는(즉, 소수인지 아닌지는) 알아내기 쉽습니다.
2. 그 인수가 무엇인지 알아내는 건 굉장히 어려울 수 있습니다.

보통 대부분의 사람이 두 문제 모두 어렵다고 생각할 것입니다. 그 숫자의 인수가 무엇인지 모르면서 인수를 가지는지 아닌지의 여부를 확인하는 것은 불가능해 보이기도 합니다. 그러나 수학자들은 2번 문제를 풀지 않고도 1번 문제를 풀 수 있는 신기한 알고리즘을 찾아냈습니다(인기 있는 알고리즘 중 하나인 '밀러-라빈 소수 판별법'입니다).

그렇다면 이 불균형이 왜 중요한 걸까요? 사실 여러분이 알고 있는 현대 기술의 대부분은 영리한 사람들이 하찮은 불균형을 발견한 것에서 시작됐습니다.

- 항생제는 박테리아의 바이러스와 동물의 세포 신진대사 사이의 아주 작은 비대칭을 이용합니다.

• 증기 엔진은 공기가 혼합된 물과 증기 사이의 작은 압력 차이를 이용합니다.

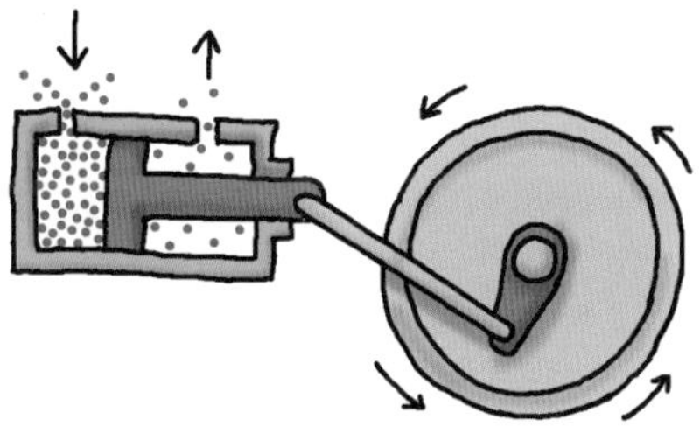

• 컴퓨터 칩은 P-타입, N-타입이라 불리는 두 개의 변종 실리콘의 작은 차이로 작동합니다.

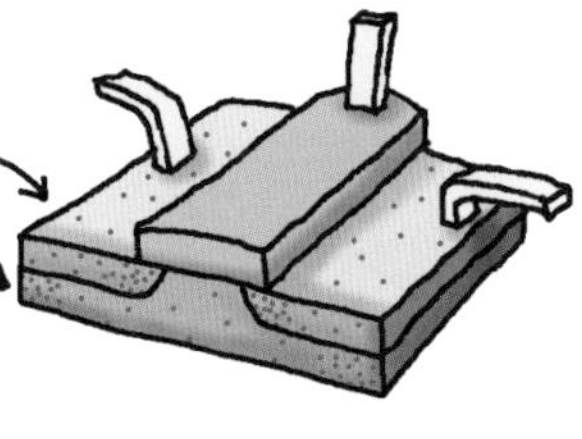

게다가 우주학자들은 은하가 존재하는 이유는 빅뱅에 의해 생성된 물질과 반물질의 양 사이에 발생한 작은 차이 때문이라고 말합니다. 잉여 물질이 우리가 보는 모든 것을 만들기 시작했다는 것이죠!

1970년대의 똑똑한 사람들은 인수 분해의 불균형을 보고 두 개의 큰 소수를 곱하면(1번에 의하면 매우 쉽게 찾을 수 있는), 원래 소수가 무엇이었는지 알아내는 게 거의 불가능하다는 것을 깨달았습니다(2번 원리에 의하여)!

현대 암호학의 대부분은 이 작은 사실에서 출발합니다. 그런 소수들을 이용함으로써 개인과 공공의 암호키 한 쌍을 만들 수 있습니다. 이것이 바로 개인과 공공의 비트코인 주소입니다.

이게 왜 중요하냐고요? 만약 그런 암호키의 쌍을 가지고 있으면 마술 같은 일을 할 수 있기 때문입니다.

1. 만약 어떤 사람이 공공 키를 가지고 있으면, 그 키의 개인 키 소유자만 읽을 수 있는 메시지를 생성할 수 있습니다(이것을 공공 키 암호화라고 합니다).
2. 만약 어떤 사람이 개인 키를 가지고 있으면, 그들은 위조될 수 없는 메시지를 만들 수 있습니다. 왜냐하면 어떤 사람이든 공공 키를 이용하여 그 메시지가 진짜인지 확인할 수 있기 때문이죠(이것을 디지털 서명이라고 합니다).

앞에서 사토시는 크롤리에게 1비트코인을 약속하면서 자신의 개인 키로 메시지에 서명했습니다. 이것이 사토시의 공공 키입니다.

17QGqFshx9NfXh5TrfMkn1m34bWr2hL1AY

아래는 크롤리의 비트코인 주소로 비트코인이 갈 것이라고 약속하는 메시지입니다.

"나, 사토시는 1비트코인을 크롤리의 비트코인 계좌 주소인 1LdZhahiV6vmypkRHFZCeLvAoSgPxe7RPj로 보냅니다"

다음이 서명입니다. 우리가 이제껏 이야기했던 오래된 암호학에서 비롯됐죠.

```
HoiD8JtaV271iZGDP1znkUFxzZRvVXdFFHthGaTg50Or
EpFvy8OW3kqOwHyiUmbOVNiZSeieL8ZyhmXl2/GBR0E=
```

이쯤 되면 여러분은 매우 중요한 질문을 던져야 합니다. 이게 정말 유효한 서명 메시지인지 증명할 수 있나요? 당연하죠. 매우 쉽게 할 수 있습니다! 다음 단계만 따라 하면 됩니다.

1. *https://brainwalletx.github.io*(혹은 이와 비슷한 사이트들)을 클릭하세요.
2. 메시지와 서명을 입력하세요.
3. '메시지 확인'을 클릭하세요.
4. 이제 비트코인 주소 17QGqFshx9NfXh5TrfMkn1m34bWr2hL1AY의 소유자인 사토시가 메시지에 서명했다는 것을 알 수 있습니다!

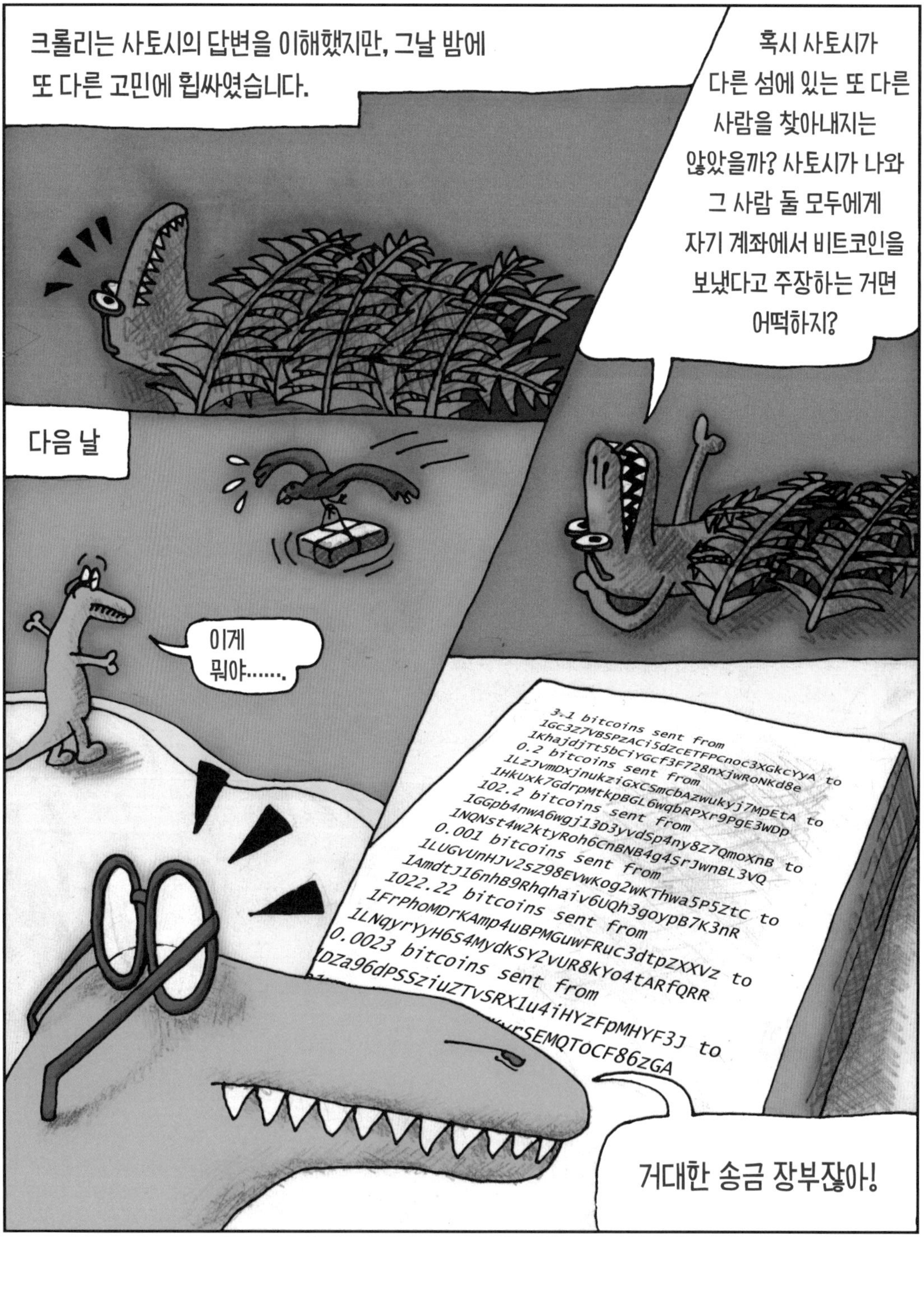
크롤리는 사토시의 답변을 이해했지만, 그날 밤에 또 다른 고민에 휩싸였습니다.
혹시 사토시가 다른 섬에 있는 또 다른 사람을 찾아내지는 않았을까? 사토시가 나와 그 사람 둘 모두에게 자기 계좌에서 비트코인을 보냈다고 주장하는 거면 어떡하지?
다음 날
이게 뭐야…….
3.1 bitcoins sent from
1Gc3Z7VBSPzACi5dZcETFPCnoc3XGkcYyA to
1KhajdjTt5bCiYGcf3F728nXjwRoNKd8e
0.2 bitcoins sent from
1LzJvmDxjnukziGxCSmcbAzwukyj7MpEtA to
1HkUxk7GdrpMtkpBGL6wqbRPXr9PgE3WDp
102.2 bitcoins sent from
1GGpb4nwA6wgj13D3yvdSp4ny8Z7QmoXnB to
1NQNst4w2ktyRoh6CnBNB4g4SrJwnBL3VQ
0.001 bitcoins sent from
1LUGvUnHJv2sZ98EVwKog2wKThwa5P5ZtC to
1AmdtJ16nhB9Rhqhaiv6UQh3goypB7K3nR
1022.22 bitcoins sent from
1FrPhoMDrKAmp4uBPMGuwFRuc3dtpZXXVz to
1LNqyrYyH6S4MydKSY2vUR8kYo4tARfQRR
0.0023 bitcoins sent from
거대한 송금 장부잖아!

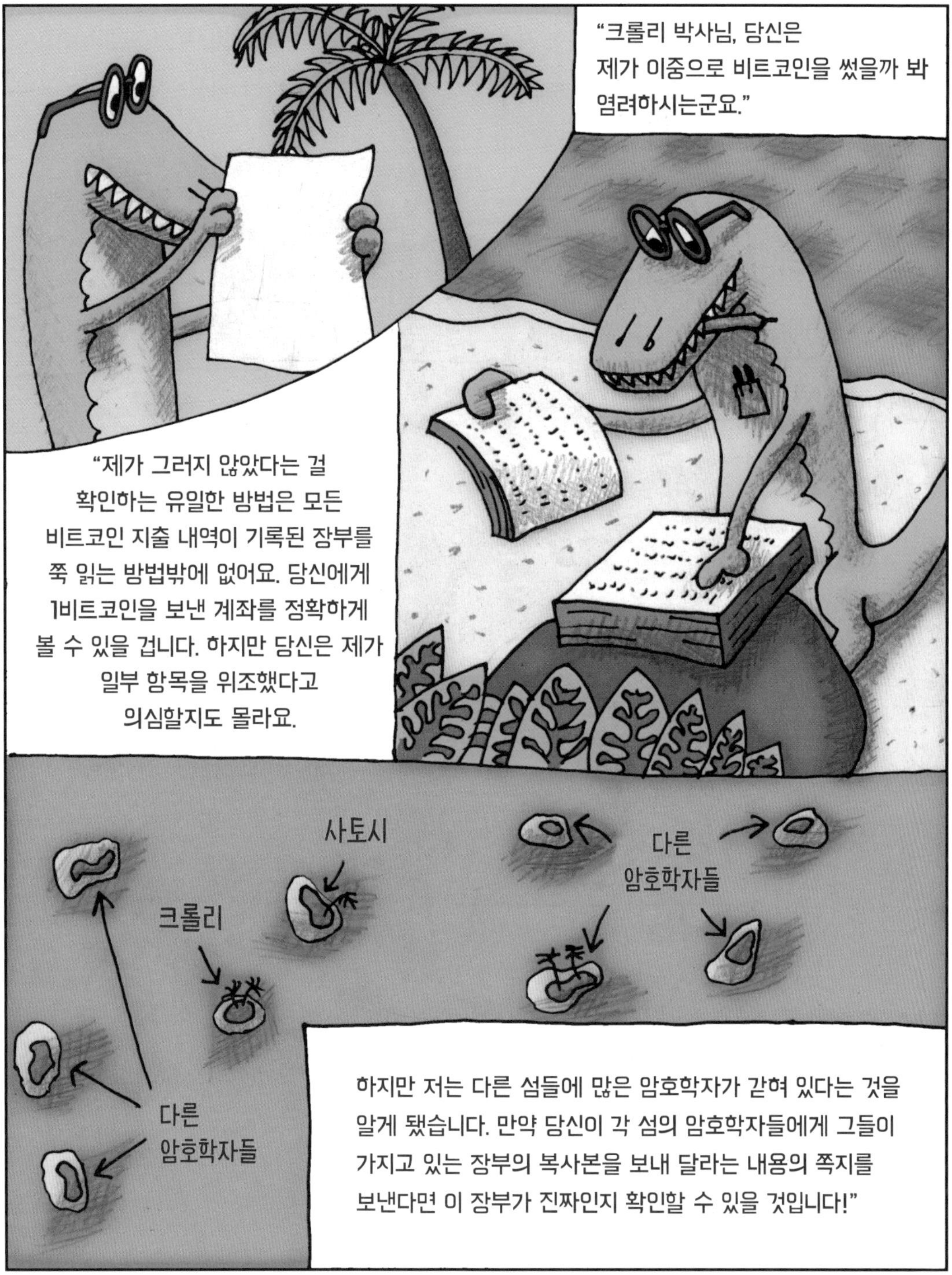
"크롤리 박사님, 당신은 제가 이중으로 비트코인을 썼을까 봐 염려하시는군요."
"제가 그러지 않았다는 걸 확인하는 유일한 방법은 모든 비트코인 지출 내역이 기록된 장부를 쭉 읽는 방법밖에 없어요. 당신에게 1비트코인을 보낸 계좌를 정확하게 볼 수 있을 겁니다. 하지만 당신은 제가 일부 항목을 위조했다고 의심할지도 몰라요.
사토시
크롤리
다른 암호학자들
다른 암호학자들
하지만 저는 다른 섬들에 많은 암호학자가 갇혀 있다는 것을 알게 됐습니다. 만약 당신이 각 섬의 암호학자들에게 그들이 가지고 있는 장부의 복사본을 보내 달라는 내용의 쪽지를 보낸다면 이 장부가 진짜인지 확인할 수 있을 것입니다!"

그래서 크롤리는 온종일 섬에 있는 새들을 잡아서 다리에 쪽지를 묶어 보냈습니다.
와! 이 사람도 대추야자를 사고 싶어 하네.
안녕하세요, 제 이름은 리사예요! 이건 제 장부고요. 당신에게 대추야자값으로 2비트코인을 보냈어요!

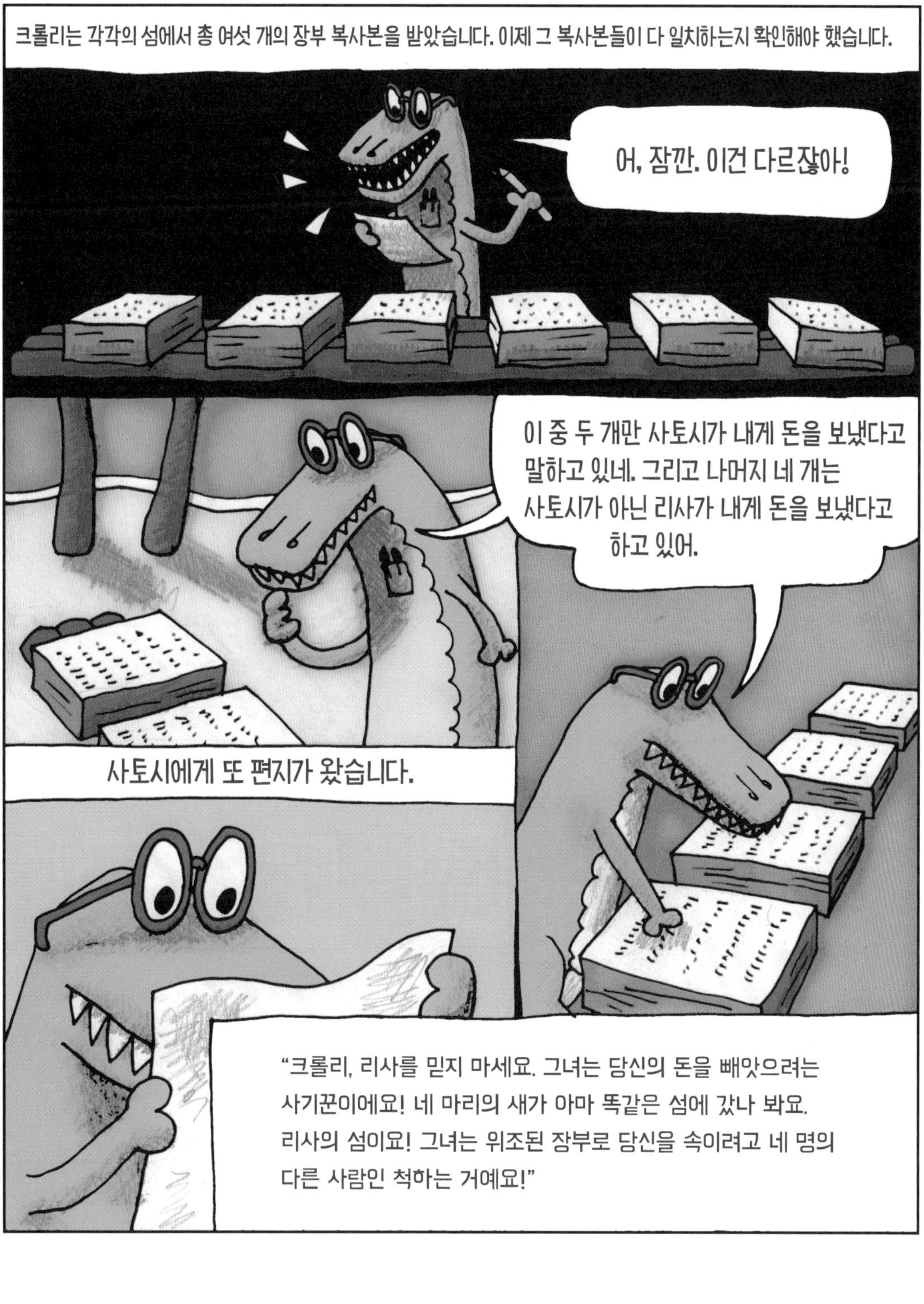
크롤리는 각각의 섬에서 총 여섯 개의 장부 복사본을 받았습니다. 이제 그 복사본들이 다 일치하는지 확인해야 했습니다.
어, 잠깐. 이건 다르잖아!
이 중 두 개만 사토시가 내게 돈을 보냈다고 말하고 있네. 그리고 나머지 네 개는 사토시가 아닌 리사가 내게 돈을 보냈다고 하고 있어.
사토시에게 또 편지가 왔습니다.
"크롤리, 리사를 믿지 마세요. 그녀는 당신의 돈을 빼앗으려는 사기꾼이에요! 네 마리의 새가 아마 똑같은 섬에 갔나 봐요. 리사의 섬이요! 그녀는 위조된 장부로 당신을 속이려고 네 명의 다른 사람인 척하는 거예요!"

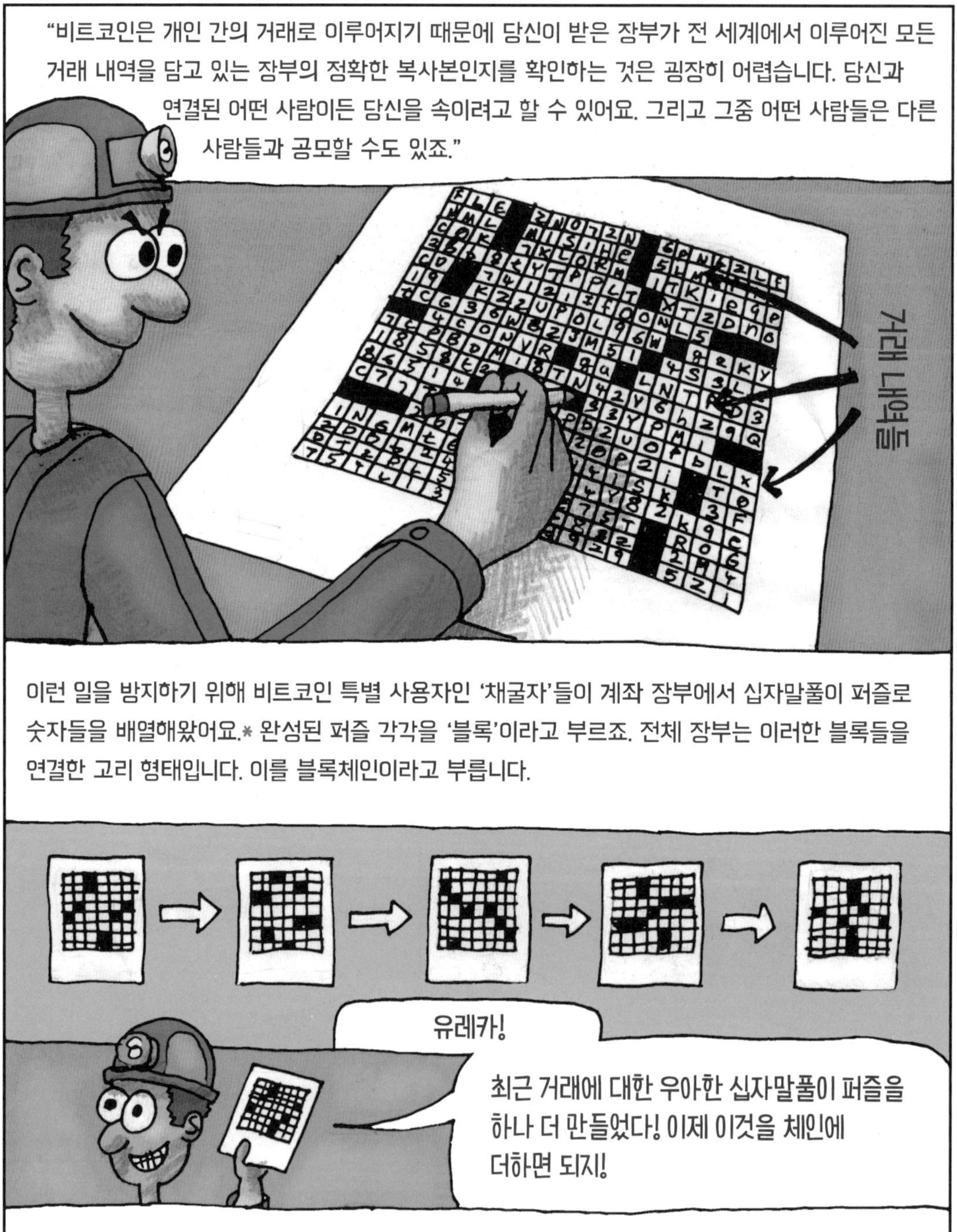

* 채굴자들이 진짜 십자말풀이 퍼즐을 만드는 것은 아니지만, 이 비유를 통해 블록체인의 개념을 잘 이해할 수 있을 것입니다.

왜 장부 내역들을 십자말풀이 퍼즐에 배열하려고 하는 걸까요? 십자말풀이 퍼즐은 완성되기까지 엄청난 시행착오를 거쳐야 하고, 그 모든 입력값에 따라 형태가 좌우되기 때문이죠.
음, 내가 숫자 58723984523을 가로로 넣으면, 06244443255를 아래에 넣어야 하고, 하지만 그러면 그 옆에는 아무것도 넣을 수가 없네. 이런, 막혔다…….
채굴자가 해결 방법을 찾는 데 하루가 꼬박 걸릴 수도 있습니다. 하지만 십자말풀이 퍼즐은 무계획적인 과정으로 만들어지기 때문에 채굴자 중 일부는 겨우 몇 분 만에 운 좋게 해결 방법을 찾기도 합니다.
와! 2분 만에 하나 찾았네! 오늘은 운수가 좋은 날이야!
"크롤리, 이 말은 블록체인을 만드는 데 많은 채굴자가 힘을 보탰다는 의미입니다. 채굴자들이 많을수록 평균적으로 더 빨리 답을 찾기 때문이죠. 우리 섬에는 대략 150명 정도의 채굴자들이 있어요. 이들이 퍼즐의 정답을 십 분마다 찾고 있다는 말입니다."

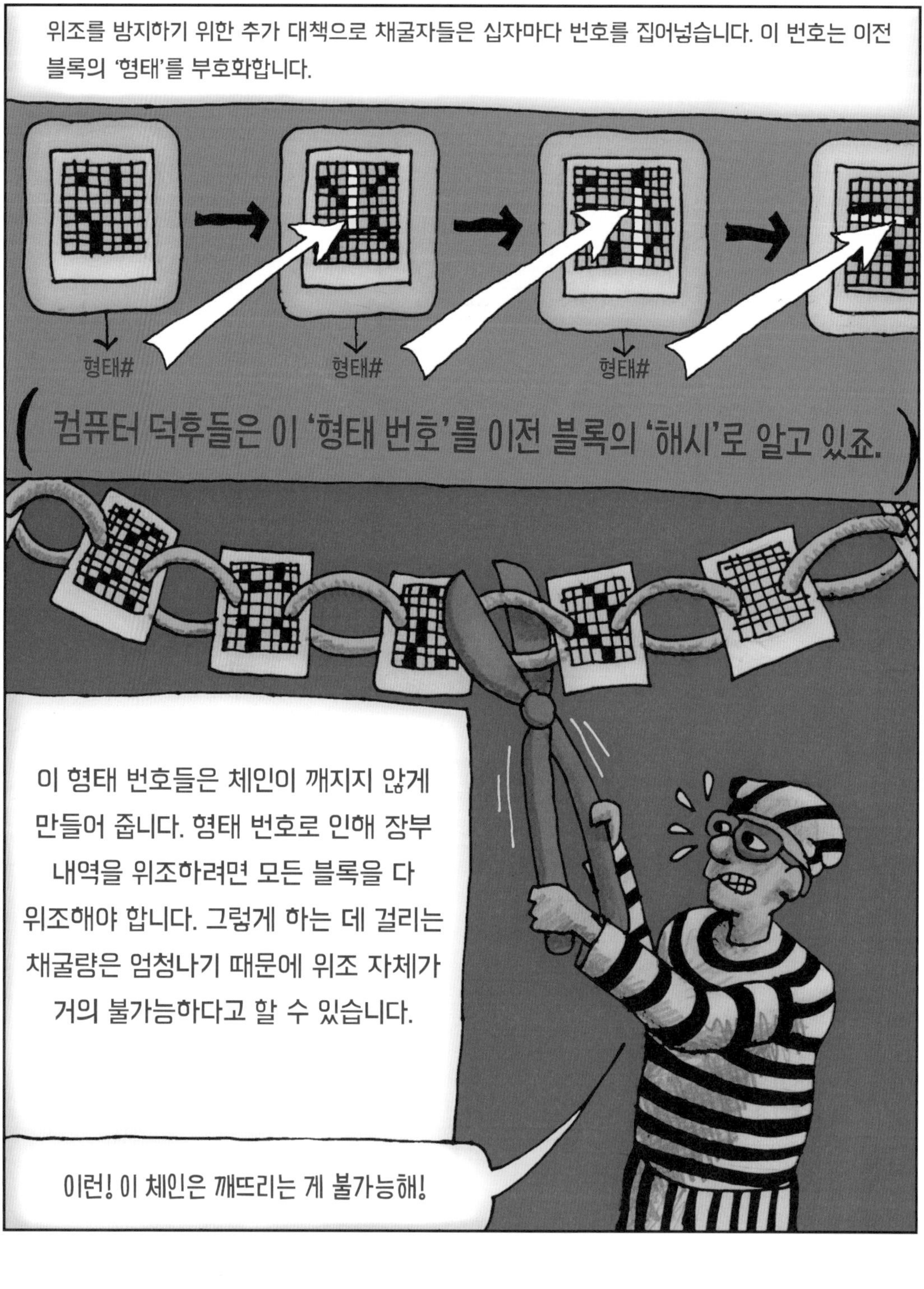

위조를 방지하기 위한 추가 대책으로 채굴자들은 십자마다 번호를 집어넣습니다. 이 번호는 이전 블록의 '형태'를 부호화합니다.
형태#
형태#
형태#
(컴퓨터 덕후들은 이 '형태 번호'를 이전 블록의 '해시'로 알고 있죠.)
이 형태 번호들은 체인이 깨지지 않게 만들어 줍니다. 형태 번호로 인해 장부 내역을 위조하려면 모든 블록을 다 위조해야 합니다. 그렇게 하는 데 걸리는 채굴량은 엄청나기 때문에 위조 자체가 거의 불가능하다고 할 수 있습니다.
이런! 이 체인은 깨뜨리는 게 불가능해!

그렇다면 왜 채굴자들은 십자말풀이 퍼즐 블록을 만드는 번거로운 작업을 하는 걸까요? 그 답은 매우 간단합니다. 채굴자들은 새 블록에 입력값을 추가하는 동시에 자신의 계좌에 약간의 비트코인을 얻을 수 있기 때문입니다. 이 난데없이 '채굴된' 비트코인은 채굴자를 위한 보상입니다.
초기에는 채굴로 코인을 얻기가 훨씬 쉬웠습니다.
와! 이제 우리 애들을 대학에 보낼 수 있겠어!
하지만 요즘에는 경쟁이 치열해졌습니다. 채굴자가 벼락부자가 될 가능성도 희박해졌습니다.
캉!
비트코인을 채굴하면 뭘 얻나 하루 더 늙고 빚만 늘지
캉!
블록체인 깡패, a.k.a. 채굴자 연합

세상에, 거의 대서사시 분량의 편지네. 일단 잠을 좀 자고 아침에 계획을 세워야겠다!
으쌰!
크롤리는 아침에 일어나자, 무엇을 해야 할지 정확히 알 수 있었습니다.
비트코인을 사용하시는 아무개님, 장부를 보내주셔서 감사합니다. 이번에는 블록체인 전체 복사본을 저에게 보내주실 수 있으신가요?

크롤리는 여섯 개의 블록체인 복사본을 받았습니다. 그는 십자말풀이 퍼즐에서 아무도 속임수를 쓰지 않았는지 확인하기로 했습니다.
얼마 후……
좋아, 이 여섯 개의 블록체인에는 아무 오류가 없군.
하지만 여전히 이 중 네 개에만 리사가 내게 2비트코인을 준 거래 내역이 있네. 이 블록체인들은 리사의 거래 내역 다음에 두 개의 십자말풀이 퍼즐을 가지고 있어.

반면 두 개의 블록체인에만 사토시의
거래 내역이 적혀 있어.
하지만 이 블록체인들은
문제의 블록체인 뒤에
20개의 블록을 가지고 있어.
다른 버전의 블록체인보다 훨씬
더 많은 양이지.
비트코인 네트워크의 훨씬 많은
채굴자가 이 버전을 만드는 데
참여했다는 것을 알 수 있군.
이게 더 믿을 만한 장부라고
결론 내릴 수 있겠어. 그렇다면
리사가 블록체인을 위조한
사기꾼이겠네.

크롤리는 마침내 사토시가 정말로 자신에게 1비트코인을 보냈다는 것을
확신할 수 있었습니다. 크롤리는 사토시를 믿고 대추야자를 보냈습니다.
사토시, 크롤리,
다른 암호학자들은 완벽하게
분산화되고 안전하며,
디지털 정보로 네트워크상에서
주고받을 수 있는 새 화폐를
만들었습니다.
끝……

……정말 끝일까요?
이런, 나는 아직도 섬에 갇혀 있네. 그래도 이제 돈은 좀 있구나.
나한테 바나나를 좀 팔 사람이 없을까?
내 주문이 제대로 들어갔군!
좋았어! 누가 또 대추야자를 1.5비트코인에 주문했네.
그리고 저쪽 섬에는 짚으로 만든 해먹을 4비트코인에 파는 사람이 있군.
모래 위에서 자는 건 지긋지긋해. 이 사람이 음료수 받침대가 있는 커다란 해먹도 만들어줄 수 있을까?

여러 해가 지난 후
지금 코코넛 모히토를 즐길 때가 아닌 거 같은데? 아니, 저게 뭐야?
세상에!

50년 만에 드디어 배가
나타났다!
음, 호버크래프트인가?
아니면 어쩌면
에크라노플란?
안녕하세요, 어르신.
공중 부양 요트를 처음
보신 건가요?
사실 50년 동안 바깥세상을 못 봤다네!
오랜 세월 동안 구조되기를 기다리고
기다렸지.
이제 다 괜찮아요. 제가 도와드릴게요!
한 달 후에 이 섬으로 다시 와서 어르신을
집으로 모셔다드릴게요.

한 달? 왜 지금 당장은 안 되는 건가?
정말 그러고 싶지만, 이 요트가 제 것이 아니고 빌린 것이어서요. 그리고 저는 돌연변이 해파리 시즌을 맞춰서 남극 지역으로 가는 길이에요. 제 계산대로 된다면 이번 달에 거기서 저는 0.0001 비트코인을 벌 수 있어요!
뭐라고? 음……. 그럼 내가 그 값의 100배를 지금 당장 지불한다면 어떨까? 그 정도면 당장 출발할 수 있겠나?
네? 그럼요. 당연하죠! 어르신은 엄청난 부자이신가 보네요. 혹시 전체 비트코인 하나 정도를 가지고 있고 뭐 그런 건가요?
그건 가는 길에 설명해주도록 하지. 우선 옆의 섬에 들러서 내 오랜 친구를 만날 수 있게 도와줬으면 하네.

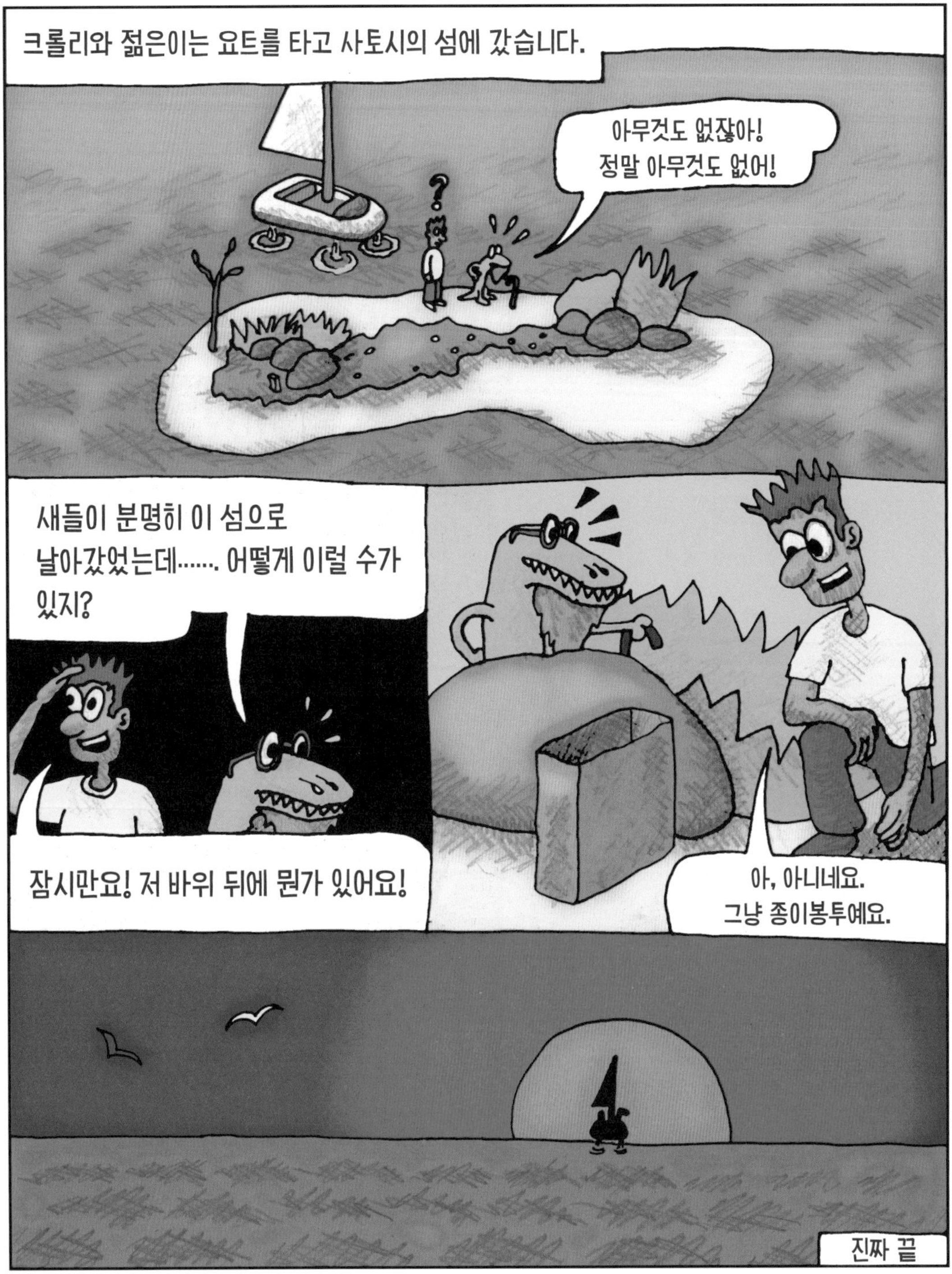
크롤리와 젊은이는 요트를 타고 사토시의 섬에 갔습니다.
아무것도 없잖아! 정말 아무것도 없어!
새들이 분명히 이 섬으로 날아갔었는데……. 어떻게 이럴 수가 있지?
잠시만요! 저 바위 뒤에 뭔가 있어요!
아, 아니네요. 그냥 종이봉투예요.
진짜 끝

1장

비트코인은 무엇인가

비트코인을 단순하게 정의하면 하나의 화폐라고 할 수 있습니다. 대문자 B로 시작하는 '비트코인Bitcoin'은 이러한 화폐 시스템 전체를 가리키고, 소문자 b로 시작하는 '비트코인bitcoin'은 화폐의 기본 단위를 의미합니다. 달러, 유로, 엔, 금화 등을 다룰 때처럼 우리는 비트코인을 저축하고, 다양한 물건과 서비스를 제공받기 위해 사용하며 다른 화폐와 교환할 수도 있습니다. 하지만 비트코인이 기존의 화폐와 다른 점이 있다면 최초의 디지털 분산 화폐라는 점입니다.

디지털 통화는 컴퓨터에 쉽게 저장해서 사용하는 화폐입니다. 이 기준에 의하면 달러화도 디지털 통화에 속하는 건지 의문이 생길 수도 있습니다. 달러화는 다른 사람들에게 쉽게 보낼 수 있으며 온라인 쇼핑에도 사용할 수 있기 때문입니다. 하지만 달러의 유통량은 중앙은행에 의해 통제됩니다.

달러와 반대로 금화는 분산돼 있습니다. 즉, 어떤 중앙 조직도 전 세계 금의 공급을 통제할 수 없다는 것입니다. 누구나 금을 캐서 새로운 금화를 만들고 유통할 수 있습니다. 그러나 디지털 통화와 달리 금을 사용하는 건 쉬운 일이 아닙니다. 통화로 사용하기 위해서는 거스름돈을 줄 수 있어야 하는데 금화는 거스름돈을 주기가 어렵고, 온라인으로 다른 사람에게 보내기도 쉽지 않기 때문입니다.

비트코인은 디지털과 분산화의 속성을 결합한 화폐이기 때문에 디지털 금화와 비슷하다고 볼 수 있습니다. 이전에는 이 두 가지 속성을 모두 갖춘 통화가 없었습니다. 두 속성을 모두 지닌 디지털 화폐가 점점 더 디지털화되고 세계화되는 사회에 미칠 영향은 상당할 것입니다.

비트코인은 무국적 통화로 불리기도 하는데 실제로 그 어떤 국가와도 관련이 없습니다. 그러나 비트코인을 다양한 형태로 존재했던 과거의 수백 개의 통화와 동일한 카테고리로 분류해서는 안 됩니다. 예를 들어, 1800년대 중반 미국에서는 은행, 회사, 교회 및 개인이 수백 개의 개인 통화private currency를 발행한 적이 있습니다. 결국 이러한 개인 통화의 대부분은 모든 가치를 잃어버렸습니다. 개인, 회사 또는 비정부기구가 발행한 개인 통화는 중앙 조직에서 통제하는데, 조직의 파산이나 기타 경제적 요인으로 인해 붕괴될 위험이 있습니다. 비트코인은 회사가 아니며, 한 사람이나 조직이 비트코인을 발행하거나 제어하지 않습니다. 따라서 중앙집중적 화폐에서 발생할 수 있는 피해도 줄일 수 있습니다. 제1차 세계대전 이후 독일 정부의 무분별한 화폐 인쇄로 1921년에서 1924년 사이 독일 화폐인 마르크mark의 가치는 10조 이상 하락했습니다. 2008년 짐바브웨 정부는 1년 동안 어마어마한 양의 화폐를 찍어내서 1달러였던 빵의 가격이 1,000억 달러로 상승했습니다. 이러한 국가 화폐와는 달리 비트코인으로는 통화의 공급을 부풀리거나 초인플레이션 위기를 인위적으로 만들 수 없습니다.

그럼 많은 사람이 궁금해하는 비트코인이 만들어진 동기와 비트코인이라는 통화의 목적에 대해 알아보겠습니다.

왜 지금 비트코인인가

최근까지만 해도 중앙 중재자의 동의 없이는 디지털 통화를 서로 주고받을 수 없었습니다. 페이팔Paypal 같은 신뢰할 수 있는 중앙 중재자가 있다면 개인 계좌의 결제 및 송금 내역을 추적할 수 있지만, 서로를 신뢰하지 않는 사람들이 중앙 중재자 없이 안정적인 거래를 진행하는 건 어려운 일입니다. 비잔틴 장군 문제Byzantine general problem로 불리기도 하는 이 문제의 근본적인 해법은 컴퓨터 과학, 특히 분산 네트워크에서 합의를 이루는 것에 있었습니다.

사토시 나카모토Satoshi Nakamoto라는 가명을 사용하는 비트코인 발명가가 2008년에 이 문제를 해결했는데, 그의 획기적인 아이디어를 바탕으로 중앙 조직에 의존하지 않고도 디지털 화폐가 존재할 수 있게 됐습니다. 사토시는 비잔틴 장군 문제의 해결책과 비트코인 발명에 대한 내용을《비트코인: P2P 전자화폐 시스템Bitcoin: A Peer-to-Peer Electronic Cash System》이라는 제목의 논문에서 설명했습니다. 실제로 이 개념을 실증한 소프트웨어는 그로부터 1년 후에 배포됐습니다.

소프트웨어의 첫 번째 버전을 만든 것은 사토시지만, 이후에 수백 명의 자원자가 이 소프트웨어를 개선하고 유지하면서 이를 커뮤니티 프로젝트로 발전시켰습니다. 현재 이 소프트웨어는 오픈 소스여서 누구나 읽을 수 있고 접근할 수 있습니다. 2009년 1월에 첫 번째 비트코인이 초기 비트코인 소프트웨어를 통해 배포된 이후, 이를 바탕으로 거래가 원활하게 진행되고 있습니다. 비트코인을 사용하려는 사람이 점차 늘고 있으며, 실험에서 시작된 비트코인은 빠르게 성장하여 수십억 달러의 경제 규모를 가지게 됐고, 오늘날 수십만 건의 거래들이 매일 처리되고 있습니다.

비트코인 사용의 이점

비트코인은 본질적으로 국제적 통화입니다. 누구나 세계 어느 곳으로든 원하는 만큼의 비트코인을 즉시 보낼 수 있습니다. 또한 세계를 여행할 때

여행자가 보유하고 있는 비트코인을 현지 통화로 변환하지 않고도 지출할 수 있는 방향으로까지 발전하고 있습니다. 중앙은행이나 시중은행과는 달리 중개인이 실제로 관여하지 않기 때문에 지출에 따르는 거래 수수료는 매우 저렴한 편입니다. 온라인 판매자에게 개인 정보를 제공해야 하는 신용카드와 달리 비트코인은 개인 정보를 보호하면서 온라인 쇼핑을 할 수 있습니다. 비트코인은 고정된 공급원을 갖도록 설계됐으므로 급격한 인플레이션으로 인해 저축한 화폐를 잃어버릴 위험도 없습니다. 또한 비트코인은 근본적으로 위조가 불가능합니다.

신용카드 거래의 경우, 판매자가 수많은 관련 서류들을 작성하고 거래 프로세스를 구성해야 하지만, 비트코인은 이러한 절차 없이 바로 거래 수단으로 이용할 수 있습니다. 아무도 모르게 소유할 수 있어서 제3자나 정부가 여러분의 돈을 강제로 압류할 수도 없습니다. (이 기능을 잘 활용한다면 억압적인 정권하에 있는 반체제 인사들의 안전과 자유를 보호하는 역할도 할 수 있을 것입니다.)

이러한 이점들로 인해 비트코인의 인기는 지속적으로 증가하고 있습니다. 그렇지만 비트코인을 아는 사람이라면 누구나 비트코인에 관련된 기술은 이해하기 어렵다고 말합니다. 처음 접하는 사람들은 비트코인이 어떻게 저장되고 쓰이며, 생성되는지 알지 못하는 경우가 많습니다.

비트코인의 구성과 복잡성

아주 가끔 기존 통화들과 다른 새로운 개념의 통화가 발생합니다. 이 시기에 대부분의 사람들은 상당한 불편함을 느끼며 이러한 개념의 전환을 혼란스럽게 여깁니다.

비트코인의 출현이 주는 충격은 묵직한 금화와 은화를 사용하다가 종이 화폐가 등장했을 때만큼이나 큽니다. 그 당시 사람들의 입장을 생각해보면 귀금속 대신 종잇조각에 가치를 부여하는 게 이상하고 혼란스러웠을 것입니다. 비트코인이 안겨준 혼란도 그때와 유사합니다. 더욱이 분산된 디지털 통화로 전환하는 것에서 비롯될 경제적·사회적 파급효과는 아직도 불분명합니다. 아마 사토시와 초기에 비트코인의 개념을 발전시킨 사람들도 비트코인이 사회에서 어떻게 사용될 것이고 또 어떠한 가치를 가지게 될 것인지 상상할 수 없었을 것입니다. 마치 1980년대에 인터넷을 만든 사람들이 인터넷이 얼마나 대단한 파급력을 가지게 될지 예측할 수 없었던 것처럼 말입니다.

사람들이 혼란스러워하는 또 다른 이유는 비트코인이 정말로 복잡한 기술의 집합체이기 때문입니다. 비트코인은 대중 사이에 공감대를 이룬 사토시의 획기적인 아이디어 분산 네트워크distributed network 외에도 디지털 서명digital signature, 공개/비공개 키public/private key pairs, 보안 해싱secure hashing과 같은 현대의 암호화 기술들도 포함하고 있습니다.

새로운 통화의 발행은 누구나 참여할 수 있는 채굴mining이라는 암호 추첨을 통해 이루어집니다. 비트코인 네트워크는 채굴을 통해 새로운 사용자들의 거래를 동시에 처리합니다. 네트워크를 파괴하려는 사람들의 남용을 방지하기 위해 비트코인은 게임 이론을 사용하여 네트워크를 유지하는 사람들과 자기 이익을 위해 행동하려는 사람들의 인센티브를 조정하도록 설계돼 있습니다. 비트코인 채굴 및 게임 이론에 대해서는 6장에서 자세히 이야기하겠습니다.

간단히 말하자면 여러분이 비트코인을 이해하기 위해 하루를 투자한다고 해도 이를 완전히 배우고 이해할 수는 없습니다. 하지만 이 책을 읽는다면 비트코인의 기초를 최대한 빨리 이해하는 데 도움이 될 것입니다.

2장

비트코인은 왜 중요한가

비트코인은 의심의 여지가 없는 신기술로, 세계 어디에서나 사용할 수 있는 무국적 통화입니다. 그러나 많은 사람은 비트코인이 실제로 세계 경제에 영향을 미칠 수 있을지 여전히 의심하고 있습니다. 여러분 또한 비트코인이 세계를 바꿀 기술인지 혹은 단순히 신기한 기술 중 하나인지 궁금해할지도 모릅니다. 이 장에서는 해당 질문의 양면을 다뤄보겠습니다. 과거를 되돌아보는 것이 미래를 이해하는 첫 단계이므로 우선 비트코인과 디지털 통화의 전반적인 역사를 간단히 살펴보고자 합니다.

재래 통화의 근본적인 문제는 신뢰에 있습니다. 중앙은행은 통화 가치를 떨어뜨리지 않는다는 신뢰를 지켜야 하지만 화폐의 역사는 이러한 신뢰를 위반한 사례로 가득 차 있습니다. 우리는 은행이 전자 방식으로 이체를 수행한다고 믿고 돈을 맡깁니다. 그러나 은행은 보유 현금도 없이 신용이라는 거품을 바탕으로 우리가 맡긴 돈을 다른 사람에게 빌려주고 있습니다. 우리는 은행이 우리의 개인 정보와 돈을 해커와 도둑들로부터 잘 지키고 있다고 믿는 수밖에 없습니다.

– 사토시 나카모토, 비트코인 개발자, 비트코인에 대한 P2P 포럼의 첫 번째 게시물, 2009년 2월 11일

인터넷이 정부의 역할을 축소시킬 수 있는 주요 세력 중 하나라고 생각합니다. 아직 개발 단계에 있는 전자화폐가 이 세력을 든든하게 뒷받침해줄 것입니다. 전자화폐를 이용하면 인터넷에서 A와 B가 서로를 알지 못해도 자금을 이체할 수 있습니다.

– 밀턴 프리드먼, 미국 경제학자이자 노벨 수상자, 전국 납세자 연맹 인터뷰, 1999년

정신 차리세요. 훗날 사람들이 비트코인의 초창기 시절을 돌아보며, '비용을 거의 들이지 않고 어디로든 즉시 돈을 보낼 수 있는 기술이라면 누가 봐도 성공 가능성이 아주 높았을 텐데요'라고 말할 것입니다. 통신 산업의 혁신에 인터넷이 있었다면, 화폐의 혁신에는 비트코인이 있습니다.

– 애덤 드레이퍼, 부스트VC 창립자 겸 CEO, "벤처 캐피털리스트, 비트코인 혁명에 기회를 주다", 《더데일리닷The Daily Dot》, 2013년 3월 19일

근처에도 가지 마세요. 비트코인은 신기루입니다. 비트코인은 돈을 송금하는 방법 중 하나일 뿐입니다. (……) 수표 또한 돈을 전달하는 방법입니다. 송금할 수 있다는 이유만으로 수표가 가치를 얻습니까? 송금환money order은요? (……) 제가 볼 때 비트코인에 어떤 거대한 가치가 있다는 생각은 농담에 불과합니다.

– 워렌 버핏, 버크셔 해서웨이 회장 겸 CEO, CNBC 〈스쿼크 박스Squawk Box〉, 2014년 3월 14일

디지털 통화의 역사

경제학자 밀턴 프리드먼을 비롯한 많은 사람은 인터넷의 탄생을 기반으로 디지털 금융이 발명될 것이라고 예측했습니다. 디지털 화폐를 지지하는

사람 또한 많았습니다. 그들은 디지털 화폐의 확실한 이점으로 화폐 위조 방지를 꼽았습니다.

> 고품질 컬러복사기가 출현하면서 지폐의 보안이 위협받고 있습니다. 종이 화폐의 안전성을 높이는 데는 비용이 많이 듭니다. 종이 화폐 사용은 종종 (자동판매기를 사용하는 등) 번거로움을 초래합니다. 신용카드와 ATM 카드가 점차 대중화되고 있지만 이러한 시스템들은 개인 정보 보호와 보안 장치가 부실합니다. 그렇기에 사용자의 개인 정보와 자산을 효율적으로 보호할 수 있는 전자화폐 시스템에 대한 요구가 이어지고 있습니다.
>
> –외르크 킨즐러와 아드리안 페링, 《디지털 화폐: 신성한 선물인가 사탄의 악의적인 도구인가?》(1996) 1

안전한 디지털 화폐 시스템을 구축하는 것은 쉽지 않습니다. 여러 난관을 해결해야 합니다. 이를테면 디지털 형식으로 저장된 모든 것은 복사가 가능하다는 점도 디지털 화폐 시스템에는 위협으로 작용합니다. 사용자가 돈을 복제하지 못하도록 안전 장치를 만들어야 하기 때문입니다. 또한 돈은 쉽게 도난당하거나 조작할 수 없는 안전한 형식으로 저장돼야 하지만, 하드웨어 오류가 발생할 경우를 대비해 백업해놓아야 한다는 것도 까다로운 문제입니다.

초기에는 디지털 화폐의 개척자 중 한 사람인 데이비드 차움David Chaum이 이러한 문제들을 해결했습니다. 캘리포니아대학교 버클리에서 박사 학위를 취득한 차움은 암호학의 문제점에 대해 연구했으며, 특히 디지털 방식과 익명으로 송금하는 방법에 관심이 있었습니다. 그는 1992년에 이캐시e-cash라는 전자화폐 서비스를 제공하는 디지캐시DigiCash를 설립했습니다. 이 전자화폐 서비스는 사용자의 익명성을 보장하기 위해 은닉 서명 blind signature이라는 개념을 사용했습니다. 하지만 디지캐시는 이캐시가 두 번 사용되지 않도록 제어해줄 중개사나 은행이 필요했습니다.

차움의 회사가 유일한 디지털 화폐 회사는 아니었습니다. 1990년대 중반까지는 전자 현금 시스템을 개발한 몇몇 개인 회사들이 있었습니다. 이들의 주된 목적은 편리한 온라인 결제 시스템을 제공하는 것이었습니다. 디지캐시 외에도 퍼스트버추얼홀딩스First Virtual Holdings, 사이버캐시Cyber-cash, 마이크로소프트 사업부를 포함한 다른 사업체들이 디지털 화폐 솔루션 개발에 막대한 투자를 했습니다. 당시에는 인터넷에서 신용카드로 결제하는 일이 드물었기에 그러한 시도가 전자 상거래를 활성화하는 데 중요한 역할을 한다고 여겼습니다.

그러나 전자화폐 서비스를 구축하려는 시도는 모두 동일한 치명적인 약점에 부딪혔습니다. 모든 사람의 거래를 추적하기 위해서는 신뢰할 수 있는 중개인이 필요하다는 것이었습니다. 안타깝게도 디지캐시를 포함한 많은 회사가 소비자와 은행의 신뢰를 얻는 데 어려움을 겪었습니다. 어찌 보면 당연한 반응이었습니다. 예상치 못한 사건으로 디지털 화폐 시스템을 운영하는 회사가 무너지면 통화의 가치가 하룻밤 사이에 사라져버릴 수도 있기 때문입니다.

어떤 통화든 실패 가능성이 있다는 것은 누가 봐도 불안한 부분입니다. 또한 이러한 취약점을 인지하는 것만으로도 전자화폐의 앞길을 망칠 수 있습니다. 1990년대에 발생한 디지털 화폐 회사들은 정부 기관이 강제로 폐업을 명령할 수 있다는 점에서 실질적인 위협을 느꼈습니다. 디지털 통화는 최신 발명품이었기 때문에 이를 관리하는 규정이 없거나 모호했습니다. 결과적으로 디지털 화폐 회사는 정부가 받아들일 수 있거나 혹은 없다고 여기는 것이 무엇인지 적절한 해답을 찾지 못했습니다.

디지캐시는 다양한 국가의 규제 요건을 충족하려고 노력했고 그 과정에서 많은 난관을 겪었습니다. 특히 규제 당국이 전자화폐의 익명성 기능을 허용하지 않는 경우가 많았습니다. 돈세탁을 막기 위해 법 집행 기관이 돈의 움직임을 추적할 수 있어야 한다는 게 규제 당국의 주장이었습니다. 이로 인해 디지캐시는 전자화폐의 주요 이점 중 하나를 잃게 된 셈이었습니다. 해결되지 않는 여러 문제들과 전자화폐의 더딘 대중화는 1998년에 디지캐시를 파산으로 내몰았습니다. 다른 회사들은 더 나쁜 운명에 직면했습니다. 골드앤실버리저브Gold & Silver Reserve Inc.는 금을 기반으로 하는 디지털 통화 이골드e-gold를 겨우 유지하다가 결국 문을 닫았습니다. 골드앤실버리저브의 소유주는 돈세탁 규정 위반으로 미국 법무부에 기소됐습니다.

이처럼 규제로 인한 부담과 디지털 화폐에 대한 소비자 수요의 부족으로 많은 회사가 디지털 화폐 개념을 포기하게 됐습니다. 1990년대 후반, 비자Visa와 마스터카드Mastercard는 온라인 신용카드를 사용하여 안전하게 지불하는 기술을 연구하고 정립했습니다. 높은 시장 점유율을 앞세운 신용카드는 온라인 거래에서 소비자가 선호하는 결제 방법이 됐습니다. 독립형 디지털 통화의 장점 중 상당수가 실현되지 않은 것입니다.

디지캐시의 몰락 이후 10년 동안 디지털 화폐는 실현 불가능한 것으로 치부됐습니다. 디지털 화폐를 운용하려면 믿을 수 있는 중앙 기관이 필요했기 때문에 재정 문제나 법적 문제에 부딪혀 실패할 확률이 크다는 것이 주된 이유였습니다.

비트코인의 가능성

2008년, 중개인에게 의존하지 않는 실용적인 디지털 화폐가 마침내 출시됐습니다. 사토시가 비트코인에 대한 논문을 발표한 것입니다.

비트코인은 어떤 회사나 회사의 제품이 아닌 컴퓨터 네트워크에서 디지털 거래를 처리하는 방법을 결정하는 일련의 규칙(프로토콜)이라는 점에서 기존의 시스템과 확실하게 구분됐습니다. 누구나 규칙을 읽고 따를 수는 있지만 어떠한 개인도 이 규칙을 소유하거나 변경할 수는 없습니다. 토론토 대학의 유리 타케테예프 연구원은 비트코인을 하키에 비유했습니다. "하키는 특정 스포츠를 묘사한 규칙의 집합일 뿐이다. 아무도 하키의 규칙을 소유하지 않으며, 규칙을 변경하려면 모든 사람이 새로운 규칙에 동의해야만 한다. 비트코인도 마찬가지다."[2] 비트코인을 만든 실질적인 회사가 있는 게 아니기 때문에 정부의 허가는 필요하지 않았습니다. 폐업하거나 법을 어겨 규제받을 회사 자체가 존재하지 않는 것이죠. 비트코인 프로토콜은 사람과 사람 사이에 가치를 전달하기 위해 수학을 현명하게 사용한 것에 불과합니다.

1990년대에 숱한 디지털 화폐 회사들이 돈세탁 방지법에 위배되지 않는 합법적인 틈새시장을 개척하고자 정부와 법률적 싸움을 벌였습니다. 그들은 모두 이 싸움에서 패했지만 비트코인은 판을 뒤집는 방식으로 문제를 해결했습니다. 중개인이 없는 시스템에서는 돈세탁을 사유로 특정인을 기소할 수 없었습니다.

또한 비트코인 네트워크에서는 어떤 개인이나 단체가 시스템 종료를 결정할 수 없습니다. 비트코인 채굴 소프트웨어를 실행하고 있는 사람이 단 한 명이라도 존재하는 한, 전체 시스템은 계속 작동됩니다. 이는 과거의 디지털 통화와는 완전히 다른 방식입니다. 2009년에 비트코인 이용이 가능해지자마자 이 기술을 둘러싼 붐이 일기 시작했습니다.

디지털 화폐 공급자들이 돈세탁 혐의를 받았던 역사를 생각해보면, 익명을 고수한 사토시의 입장이 이해가 됩니다. 설계상으로는 그가 비트코인 네트워크의 작동을 통제할 수 없지만, 누군가 '비트코인 시스템 운영'이라는 허위의 죄목으로 그를 고소할 위험은 항상 존재합니다. 현명하게도 사토시는 자신의 정체를 밝히지 않음으로써 이 위험을 피했습니다.

비트코인의 발전

2008년 10월 암호 메일링 리스트에 올라온 《비트코인: P2P 전자화폐 시스템》이라는 논문에서 비트코인은 공개적으로 처음 언급됐습니다. 이 9페이지 분량의 논문은 비트코인의 기본 설계에 대해 설명하고 있지만 시스템 구현에 필요한 세부 사항을 자세히 서술하고 있지는 않습니다. 뒤이어 진행된 온라인 토론에서 사토시는 2007년부터 비트코인을 구상해왔다고 발언했습니다. 그는 논문을 공개한 직후, 비트코인 프로그램의 첫 번째 버전인 '비트코인 Qt 0.1'을 발표하고 사람들에게 다운로드해서 실행해보라고 권유했습니다. 블록체인의 첫 번째 블록(창세기 블록)은 2009년 1월 3일에 사토시가 추가했습니다. 블록체인에 블록을 추가했을 때, 사토시는 모든 채굴자가 볼 수 있는 짧은 메시지를 블록에 삽입했습니다. 창세기 블록에 사토시가 적은 건 '타임스 03/01/2009 재무부 제2차 은행 구제금융 임박'이었습니다. 이는 2009년 1월 3일《타임스》의 1면 헤드라인이었습니다. 당일 발간된 신문의 헤드라인을 창세기 블록에 기록함으로써 사토시는 이 날짜 이전에 이 문장을 블록체인에 추가할 수 없다는 것을 증명했습니다. (어떤 사람들은 헤드라인의 내용이 사토시가 비트코인 시스템을 구축하게 된 이유일 것이라고 주장합니다.)

시스템의 코드가 오픈 소스였기 때문에 누구나 다운로드해서 검토하고 수정할 수 있었습니다. 얼마 후 시스템에 관심을 가진 몇몇 사람이 코드에 새로운 기능을 제공하고 버그를 수정했습니다. (기본 디자인은 변경되지 않았습니다.) 유명한 컴퓨터 과학자를 비롯한 많은 암호학자와 프로그래머가 비트코인 개발에 참여하게 됐습니다. 그중에는 오랫동안 디지털 화폐를 연구해온 할 피니Hal Finney도 포함돼 있었습니다. 그는 비트코인 채굴에 사용되는 비트코인 작업 증명서와 유사한 재사용 가능 작업 증명 시스템을 개발한 바 있습니다. 사토시는 포럼 게시물이나 전자 메일을 통해 초기 비트코인 사용자 및 개발자와 자주 소통했지만, 자신에 대한 개인 정보는 일절 공개하지 않았습니다. 비트코인 시스템의 주된 기여자 중 하나인 개빈 안드레센Gavin Andresen은 사토시의 신뢰를 얻었으며 비트코인 프로젝트의 비공식 리드 개발자로 올라섰습니다. 2010년 12월 12일 사토시는 비트코인 소프트웨어의 업데이트(버전 0.3.19)에 대한 의견을 게시했습니다.

서비스 거부 공격denial of service, DOS과 관련해서 해야 할 일이 많지만, 더 복잡한 작업에 착수하기 전에 지금까지 필요하다고 판단한 시스템을 빠르게 구축하고 있습니다.

이후 그의 소식은 어디에서도 들을 수 없었습니다. 현재까지 수많은 사람이 유명한 암호학자나 저명한 수학자를 사토시라고 지목하고 여러 주장을 펼쳐왔지만, 사토시의 정체를 아는 사람은 아무도 없습니다. 비트코인 창안자로 지목된 사람 대부분 본인은 사토시가 아니라고 밝혔습니다.

비트코인이 실행된 첫해에는 일반 노트북으로도 하루에 수백 개의 비트코인을 누구나 생성할 수 있었습니다. 그러나 당시에는 비트코인이 어느 정도의 가치가 있는지 분명하지 않았습니다. 비트코인의 개념을 중요한 업적으로 평가한 초기 지지자들조차도 자신이 채굴한 비트코인이 간직할 가치가 있는지 반신반의했습니다. 많은 사람이 소프트웨어를 이용해 본 다음, 지갑을 삭제하곤 했습니다. 2009년부터 2010년 초반까지 비트코인의 가격을 이야기하는 것은 아무런 의미가 없었습니다. 아무도 (적어도 공개적으로는) 가치 있는 물건을 비트코인과 교환하지 않았기에 비트코인은 단순히 수학적인 장난 정도에 머물렀습니다.

그러던 중 2010년 초에 소규모 거래소들이 문을 열었고 비트코인은 1페니도 안 되는 금액으로 거래되기 시작했습니다. 비트코인 거래의 전환점이 된 사건은 2010년 5월 18일에 발생했습니다. 포럼 사용자인 라슬로 Laszlo가 본인을 대신해 라지 사이즈 피자 두 판을 주문해줄 사람에게 1만 비트코인을 송금하는 거래를 제안한 것입니다. 이는 비트코인을 주고 상품을 구매한 첫 거래로 기록됐습니다. 당시에는 대부분의 사람이 라슬로가 거래상 이득을 봤다고 여겼죠. 그러나 2011년 2월 9일, 비트코인의 가치와 미국 달러의 가치가 동등해지자 모두 라슬로를 비웃었습니다. 라슬로가 피자 두 판에 1만 달러어치 비트코인을 지불한 셈이 됐기 때문입니다. 비트코인의 가치는 계속해서 상승했으며, 2013년 4월 3일 텍사스에서 (비트코인 하나가 약 130달러로 치환됐던 시기) 포르쉐가 300비트코인에 판매

▶ 2010년 5월, 라슬로가 1만 비트코인으로 구입한 피자(왼쪽)와 2013년 12월, 216비트코인에 판매된 2014년형 람보르기니 가야르도(오른쪽).

됐습니다. 2014년에는 약 20만 달러에 거래되던 람보르기니 가야르도가 216비트코인으로 판매됐습니다. 1비트코인의 가치가 약 925달러에 달했다는 것이죠. 2013년 말까지 달러로 환산하면 1억 달러 이상의 금액과 상품이 비트코인으로 거래됐습니다. 수천 명의 개인 판매자들과 십여 개가 넘는 주요 소매 업체들, 온라인 업체들이 비트코인을 결제 수단 중 하나로 채택했습니다. 그해 비트코인 환율은 BTC당 1,000달러로 2010년 중반에 피자 거래가 진행된 때보다 무려 50만 배나 증가했습니다. 주요 비트코인 거래소의 거래량은 매월 5억 달러에 육박했습니다.

비트코인의 대중화는 그 자체로 놀라운 일이었으나 비트코인은 사회에 다른 여러 방식으로 더 큰 영향을 미쳤습니다. 어떤 영향이었는지 다음을 통해 살펴보겠습니다.

비트코인의 영향력

비트코인은 여전히 우리에게 새로운 기술이지만, 컴퓨터 과학과 경제, 정치 분야에서 주목할 만한 몇 가지 업적을 이미 이루었습니다.

컴퓨팅 파워

설립 3년 만에 비트코인은 총 컴퓨팅 성능 측면에서 SETI@home 같은 유명 분산 컴퓨팅 프로젝트를 제쳤습니다. 2년 후, 비트코인의 컴퓨팅 능력은 1,000배 더 성장했습니다. 2014년 4월 기준, 세계 500대 슈퍼컴퓨터의 컴퓨팅 파워를 모두 더해도 비트코인 네트워크 컴퓨팅 파워의 0.05% 미만이라는 수치가 나옵니다. 사실상 대략적인 추정이기는 합니다. 슈퍼컴퓨터와 컴퓨터의 프로젝트는 대체로 초당 부동 소수점 연산FLOP으로 측정합니다. 그러나 비트코인은 부동 소수점 연산이 아닌, 순수 정수 연산 방식을 사용하기 때문에 이 두 가지 유형의 수치를 어떻게 비교할지에 대한 기준이 필요합니다. 그럼에도 놀라운 성장임은 분명합니다. 이는 비트코인 채굴을 위해 설계된 전용 컴퓨터 칩이 최근 몇 년간 대규모로 생산됐기에 가능했습니다. 컴퓨터 성능의 엄청난 발전은 물론, 비트코인 채굴만을 위한 컴퓨터 칩 수십만 개를 생산하는 공장이 존재한다는 것도 놀라운 일입니다.

경제성

2009년 이전에는 대부분의 사람이 무료 소프트웨어로 만들 수 있는 컴퓨터 생성 토큰에 별 가치가 없다고 생각했습니다. 그러나 곧 이 가정은 완전히 틀렸다는 것이 밝혀졌습니다. 비트코인의 가치는 5년 연속 매년

1,000%씩 꾸준히 증가했습니다. 각국의 협의통화 M1과 비교하면, 5년간 유통된 비트코인의 총가치는 100개가 넘는 국가의 통화 가치를 합친 것보다 컸습니다. 신용카드 기반의 지불 시스템과 비교했을 때, 비트코인의 낮은 수수료와 높은 보안성은 판매자에게 큰 장점으로 작용했습니다.

경제 도구로서 비트코인이 얼마나 오래 생존할 수 있을지는 여전히 의문이지만, 비트코인에 가치가 있다는 사실은 많은 사람에게 깊은 인상을 남겼습니다. 경제학자들은 비트코인에 꾸준한 관심을 기울이고 있으며 비트코인을 분석하는 연구가 계속되고 있습니다(비트코인의 경제성을 연구한 학술 논문은 2019년 9월 기준 2만 300여 건이나 됩니다 - 옮긴이).

화제성

비트코인이 등장하기 전에도 디지털 화폐를 발행하려고 시도한 기업들이 있었지만, 정부나 대형 금융 기관의 큰 관심을 끌지는 못했습니다. 그러나 비트코인은 정치인, 규제 당국, 은행가, 여러 국가 사이에 뜨거운 논쟁을 불러일으켰습니다. 비트코인에 대한 미국 상원 청문회가 몇 차례 열리기도 했습니다. 수십 개 국가의 중앙은행과 주요 은행, 금융 기관은 비트코인 관련 성명서와 보고서를 발간했으며, 2013년 11월 미국이 개최한 비트코인 규제와 비트코인의 미래에 대한 의회 청문회는 대중의 주목을 받기도 했습니다. 비트코인은 디지털 통화의 잠재적인 가능성과 위험에 대한 사회적 관심을 끌어냈습니다. 디지털 통화에 대한 미래의 법률과 정책에 이미 어느 정도 영향을 미친 셈입니다.

비트코인의 잠재력

닐스 보어Niels Bohr나 요기 베라Yogi Berra와 같은 유명인들은 이렇게 말했습니다. "예측은 매우 어렵습니다. 특히 미래에 관한 것이라면 더욱 그렇죠." 그런데도 비트코인에 대한 책에서 비트코인의 잠재력을 예측해보지 않을 수 없습니다. 따라서 우선 비트코인의 존재를 위협하는 요소들을 살펴볼 것입니다. 즉, 비트코인이 쓸모없어질 수 있는 상황들에 대해 알아보겠습니다. 둘째, 비트코인이 미래 사회에서 이행할 수 있는 두 가지 역할인 가치 저장과 교환에 대해 파악해보겠습니다. 셋째, 비트코인을 기반으로 구축된 성공적인 미래 경제에 대한 정량적 평가를 알아보겠습니다.

비트코인의 차별점

비트코인이 오래도록 살아남으려면 기존 통화와 비교했을 때 뚜렷한 이점이 있어야 합니다. 그렇지 않다면 비트코인의 보급률은 낮아질 것입니다. 또한 비트코인은 소프트웨어 기술이기 때문에 비트코인의 네트워크가 컴퓨터 버그나 해킹 등으로 파괴되지 않도록 대비해야 합니다. 비트코인이 정부나 기업과 같은 외부 단체에 의해 소멸될 수 있다는 점도 염두에 두어야 합니다. 마지막으로 비트코인은 어떠한 방식으로든 더 나은 형태의 화폐로도 대체될 수 없는 고유한 특성을 갖추고 있어야 합니다. 비트코인에 어떤 이점과 위험이 있는지 자세히 살펴보겠습니다.

비트코인은 어떤 이점이 있나

어떤 사람들은 비트코인이 일시적 유행일 뿐이라고 주장합니다. 그들은 비트코인이 종이 화폐보다 나은 점이 없다는 걸 모두가 곧 알아차리게 될 거라고 생각합니다. 미국의 경제학자인 폴 크루그먼Paul Krugman은 비트코인과 관련하여 다음과 같이 이야기했습니다. "우리에게 새로운 형태의 돈이 필요합니까? (……) 우리는 엄청난 경제적 문제들을 안고 있지만, 현재 달러는 자신의 역할을 잘 수행하고 있습니다. 달러만으로도 충분합니다."

그러나 비트코인은 기존 통화와 비교했을 때, 중요한 이점을 가지고 있습니다. 이상적인 통화가 가지는 속성과 비트코인의 연관성에 대해 알아봅시다. 이러한 속성에는 이동성, 분할성, 내구성, 희소성, 대체성이 있습니다. 각 속성을 차례로 살펴보겠습니다.

- **이동성**portability : 이상적인 화폐는 가볍고 작고 쉽게 이동할 수 있어야 합니다. 이러한 기준에서 비트코인은 충분한 경쟁력을 가집니다. 비트코인은 무게가 없으며 대량으로 쉽게 저장할 수 있고 몇 분 안에 전 세계로 이동할 수 있습니다. 물론 세계 금융 시스템으로 인해 전통적인 통화도 디지털 형식으로 저장하고 운송할 수 있기에 이동성이 좋습니다. 그러나 단순성, 비용, 이동성을 함께 따져보면, 현시점에서 비트코인이 지폐에 비해 뚜렷한 장점을 보이고 있습니다.

- **분할성**divisibility : 다른 사람에게 돈을 주려고 할 때, 잔돈은 없고 큰 돈만 있어서 짜증이 나는 상황이 종종 발생합니다. 그러나 비트코인은 1센트보다 작은 돈으로도 나눌 수 있습니다. 또한 비트코인은 컴퓨터의 효율적인 계산을 통해 어떠한 양으로도 나눌 수 있습니다.

- **내구성**durability : 설계상 모든 비트코인은 전 세계 수천 대의 컴퓨터에 저장된 컴퓨터 파일, 즉 비트코인 블록체인에 저장됩니다. 사용자가 개인 키를 분실하지 않는 한, 그 사람의 비트코인은 안전하게 보관됩니다. 반면, 미국 연방준비제도이사회는 1달러 지폐의 평균 수명을 5.9년으로 추정했습니다.

  내구성의 또 다른 측면을 파악하려면 비트코인의 가치가 미래에도 유지될 것인지를 살펴야 합니다. 앞으로 비트코인값이 어떻게 변할지 정확히 예측할 수 없기에 안정적이라고 단언하기는 어렵습니다. 사용자 네트워크가 현재보다 훨씬 더 커져야 비트코인의 가치가 계속 유지될 것이라는 결론을 내릴 수 있습니다.

- **희소성**scarcity : 비트코인의 주요 혁신 중 하나는 (금전적 가치를 유지하는 데 필요한) 화폐의 희소성을 디지털 자산의 분산화를 통해 이루었다는 점입니다. 따라서 비트코인은 시스템에 의해 지폐와 마찬가지로 제한된 공급 상태를 유지할 수 있습니다. 그러나 지폐의 경우에는 정부(지폐 생산자)가 희소성을 유지하여 인플레이션이 발생하지 않도록 방지해줄 것이라는 믿음이 있어야 한다는 점이 다릅니다.

- **대체성**fungibility : 모든 화폐는 값을 지불하는 데 사용할 수 있어야 의미가 있습니다. 돈을 받는 판매자가 자신이 받은 것이 '안전한 돈'인지 '안전하지 않은 돈'인지를 계속 걱정해야 한다면, 통화의 유용성이 손상됐다고 볼 수 있습니다. 아시다시피 지폐의 일련번호를 추적하거나 전자 결제 시스템에 내장된 추적 장치를 통해 지폐를 온라인

상에서 쫓을 수 있습니다. 마찬가지로 공용 블록체인을 통해 비트코인을 추적할 수 있습니다. 따라서 대체성 측면에서는 전통적인 통화나 비트코인 중 어느 쪽도 앞서 있지 않습니다.

비트코인은 이동성과 희소성에서 상당한 우위를 차지하고 있습니다. 따라서 전통적인 돈보다 이점이 적다는 이유로 비트코인이 실패할 가능성은 거의 없다고 볼 수 있습니다.

비트코인은 버그나 해킹에 의해 파괴될 수 있나

버그나 해킹에 당할 수 있기 때문에 비트코인은 안전하지 않다고 주장하는 이들도 있습니다. 만약 해커가 비트코인을 임의로 얻을 수 있거나 다른 사람들의 지갑에서 비트코인을 자유롭게 전송할 방법을 찾을 수 있다면, 이러한 걱정은 타당합니다.

그러나 현재 그러한 버그는 존재하지 않습니다. 전문적인 보안 연구원들은 비트코인 코드의 안정성에 깊은 인상을 받았다고 합니다. 보안 전문가 댄 카민스키Dan Kaminsky는 2013년 4월, 《비즈니스 인사이더Business Insider》에 다음과 같은 제목의 기사를 썼습니다. "나는 비트코인 해킹을 시도했지만 실패했다." 이는 비트코인의 보안 모델을 극찬한 기사였습니다.

그러나 비트코인 시스템에 결함이 없다고 믿는 가장 큰 이유는 비트코인의 경제적 가치에 있습니다. 만약 어떤 사람이 코어 네트워크core network를 해킹하는 방법을 알아낸다면 어마어마한 부자가 될 수 있을 것입니다. 그 사람은 통화 가치가 붕괴되기 전에 네트워크에서 수십억 달러를 빼낼 수 있습니다. 그럼에도 불구하고 아직까지 그 누구도 코어 네트워크를 해킹한 적이 없다는 사실 하나만으로도 통화 시스템에 결함이 존재하지 않는다는 강력한 근거가 됩니다(이처럼 비트코인 네트워크 자체를 해킹하는 건 거의 불가능하지만, 비트코인을 보관하는 웹 서비스나 비트코인 지갑 등은 해킹을 당한 사례가 있습니다 - 옮긴이).

비트코인은 정부나 기업에 의해 파괴될 수 있나

인터넷 등장 초기에 이용자들은 온라인 검색을 위해 웹 클라이언트를 중앙 서버(Google, Amazon, Yahoo! 등에서 운영)에 연결하는 클라이언트-서버 아키텍처 개념을 익숙하게 받아들였습니다. 그러나 이후에 등장한 여러 인터넷 기반 응용 프로그램들은 P2P peer to peer 아키텍처를 사용하기 시작했습니다. 이런 분산형 모델에서 소프트웨어 응용 프로그램은 인터넷에서 다른 '비슷한' 응용 프로그램을 찾아서 서로 연결하여 프로그램을 작동시킵니다. 이 접근 방식을 사용한 초기 응용 프로그램으로는 다양한 파일을 다운받는 데 사용하는 비트 토렌트BitTorrent와 그누텔라Gnutella가 있습니다. 비트코인 또한 P2P 네트워크를 사용합니다.

P2P 시스템은 기존의 클라이언트-서버 시스템에 비해 향상된 내구성과 성능 등 많은 이점을 가지고 있습니다. 그렇기에 P2P 시스템은 앞으로 여러 분야에 적용될 가능성이 높습니다.

기존 아키텍처와 비교했을 때, P2P 시스템의 뚜렷한 이점으로는 불멸성이 있습니다. P2P 앱 사용자가 자신과 연결할 다른 상대를 찾을 수 있다면, 중앙 지점이 없는 상태에서도 네트워크는 계속 존재할 것입니다. 이러한 이유로 정부를 포함한 그 어떤 단체도 비트코인 네트워크를 완전히 없앨 수는 없습니다.

물론 어떤 국가의 정부는 비트코인의 사용을 불법이라고 선언할 수 있으며, 이러한 선언은 비트코인의 가치와 유용성에 큰 영향을 줄 수 있습니다. 그러나 인터넷을 완전히 중단하지 않는 이상, 비트코인은 계속 존재할 것입니다. 또한 비트코인은 국가에 기반을 둔 것이 아니기 때문에 한 정부의 법률이 비트코인의 가치와 유용성에 미칠 수 있는 영향에는 한계가 있습니다. 한 국가에서 비트코인에 내린 금지 법령들은 단지 비트코인의 사용과 개발(그리고 연관된 직업들)을 다른 국가로 옮기는 작용을 할 뿐입니다.

비트코인은 다른 암호화폐로 대체될 수 있나

우리는 뛰어난 검색 엔진 기술을 가지고 나타난 구글이 (지금은 완전히 잊혀진) 여러 검색 엔진들을 유명무실하게 만들었다는 걸 기억하고 있습니다. 한때 유명했던 라이코스나 알타비스타라는 검색 엔진을 기억하나요? 그렇다면 비트코인과 유사하지만 더 새롭고 더 장점이 많은 암호화폐가 등장할 경우 비트코인도 역사의 뒤편으로 사라질 가능성이 있는 걸까요?

비트코인 핵심 프로토콜에 기여하는 개발자들은 매우 보수적인 경향이 있습니다. 어떤 개발자도 수십억 달러짜리 시스템에 버그를 도입했다는 책임을 지고 싶어 하지 않을 것입니다. 또한, 더 급진적인 기능이 더해진다고 해도 비트코인 커뮤니티는 이를 받아들이지 않을 것으로 보입니다. 비트코인 네트워크 내부에 수십억 달러를 보관하고 있는 이용자들은 기능이 추가되는 걸 원하지 않을 것입니다. 핵심 비트코인 시스템에 변화를 주는 것을 극도로 조심하는 편이 모두에게 이익입니다. 그러나 이러한 보수적인 접근 방식은 비트코인의 자리를 위협할 신흥 통화의 출현 가능성을 높입니다.

물론 비트코인을 대체하려면 새로운 화폐에 어떤 환상적인 기능이 필요할지 알 길은 없습니다. 하지만 비트코인이 살아남을 수 있다고 생각하는 세 가지 근거가 존재합니다. 네트워크 효과, 암호화 통화의 변동성, 최근 개발되고 있는 암호화 통화 연동 기술이 그 이유입니다.

네트워크 효과는 다른 사람들이 통화를 화폐의 수단으로 받아들일 경우에만 사람들이 그 화폐를 통화로 사용한다는 단순한 개념입니다. 통화의 사용자가 많을수록 화폐의 가치는 높아집니다. 이 효과는 자연스럽게 새로운 통화의 채택을 막는 작용을 합니다. 실제로 처음 몇 년 동안 전통적인 화폐의 존재가 비트코인이 통화로 채택되는 데 방해가 되기도 했습니다. 현재 비트코인은 사람들이 암호 통화로 가장 많이 채택하고 있기 때문에, 새로운 암호화폐의 경우 이러한 기존의 상황을 극복하기 위한 뚜렷한 이점이 필요할 것입니다. 그렇다면 변동성은 어떻게 작용하는 걸까요?

경제학적 관점에서 볼 때, 오픈 마켓에서 새롭게 이용하게 되는 자산은 우선 '가격의 발견 과정price discovery process'을 거쳐야 합니다. 이는 2000년에 인터넷을 유행시킨 배경 중 하나입니다. 초기 인터넷 이용자들은 유사한 회사들이 과거에 존재하지 않았기 때문에 이베이, 야후, 다른 기술 회사들의 주식 가치를 알지 못했습니다. 사람들이 인터넷 중심의 기업들에 대해 좀 더 잘 알게 되면서 각 회사의 주식 가격이 합리적으로 정해졌으며 명확해졌습니다.

비트코인도 이와 비슷한 가격 발견 과정을 거치고 있는데, 아직 아주 초기 단계입니다. 비트코인이 처음 도입된 이후, 비트코인의 가격은 오르고 내리는 걸 반복하고 있습니다. 그러나 이용자가 늘어나면서 이러한 변동성은 다소 줄어들었습니다. 이전에 비해 상승과 하락의 폭이 좁아진 것입니다. 비트코인의 변동성이 이렇게 계속 감소한다면, 비트코인은 향후 등장할 새로운 암호화폐에 비해 상당한 이점을 얻을 수 있을 것입니다. 현재 비트코인의 변동성은 여전히 높습니다. 그러나 새로운 화폐는 이러한 '유동성 경쟁'에서 가장 오래된 암호화폐인 비트코인을 따라잡기 어려울 것이며, 비트코인은 항상 신흥 화폐에 비해 변동성이 덜할 것입니다.

만약 비트코인이 네트워크 효과와 변동성 측면에서 이점을 유지한다면 새로운 암호화폐는 비트코인을 완전히 대체하는 대신, 비트코인 네트워크에 연동하여 연결하는 방향을 택할 수도 있습니다. 잘 알려진 암호화폐 개발자이자 기업가인 아담 백Adam Back과 오스틴 힐Austin Hill은 알고리즘을 이용한 블록체인 사이에서 코인들이 '점프'가 가능하도록 암호화하여 새로운 암호화 기술의 가치가 비트코인의 가치와 1대1로 연계되는 방식을 제안했습니다. 이 아이디어가 성공한다면 비트코인의 '사이드 체인side chain'을 활용해서 새로운 기술을 기반으로 한 암호화폐를 만들 수 있을 것입니다. 사이드 체인은 비트코인과 같은 영역에 있지만 다른 규칙을 가진 별도의 블록체인으로, 새로운 통화는 비트코인과 동일하거나 덜한 변동성 및 네트워크 혜택을 공유할 수 있습니다.

사이드 체인 아이디어(혹은 비슷한 연동 기반 아이디어)가 성공한다면 미래의 암호화폐들은 비트코인의 존재 자체로 이익을 얻을 수 있게 되고, 비트코인을 대체하기보다는 비트코인 시스템을 강화하게 될 것입니다. 이러한 이유로 비트코인은 다른 암호화폐로 완전히 대체되지 않을 수도 있습니다. 하지만 만약 비트코인보다 훨씬 더 좋은 암호화폐가 만들어져서 모두 그 화폐를 사용하게 된다면 그것도 그리 나쁜 결과는 아닐 겁니다.

이제 비트코인의 미래에 대해 살펴보겠습니다.

비트코인으로 무엇을 할 수 있을까

통화의 주요 기능은 돈을 저장하는 것과 결제하는 것입니다. 비트코인의 미래에 대한 가설을 세우려면 이 두 가지 역할을 비교하고 대조하여 통화가 어떤 역할을 할 수 있는지 탐구해야 합니다. 비트코인이 수행하는 역할은 비트코인의 경제 가치뿐 아니라 개별 비트코인의 가치에도 큰 차이를 만들기 때문입니다.

저축 수단

비트코인은 돈을 저축하기 좋은 시스템과 기능을 갖추고 있습니다. 비트코인의 총공급량이 정확히 알려져 있다는 것도 이를 증명합니다. 사용자가 비트코인 시스템을 제대로 활용하면 다른 개인이나 기관이 사용자의 비트코인을 쉽게 압수하거나 훔칠 수 없습니다. 여러분은 앞으로 비트코인 시스템이 현금이나 귀금속, 부동산 대신 재산을 저장하는 수단이 되는 상상을 해볼 수 있을 것입니다. 비트코인 시스템을 통한 저축은 현재 인기 있는 저축 수단인 금과 유사한 지점이 있습니다. 얼마나 많은 재산이 금으로 저장되고 있는지 추정할 수 있다면 비트코인이 비슷한 방식으로 사용될 가능성에 대해 생각해볼 수 있습니다.

2014년 자료 기준, (아직 캐내지 못한 금을 제외한) 세상에 존재하는 모든 금의 가치는 약 9조 5,000억 달러 정도입니다. 그중 대략 절반은 보석으로 사용됐고 나머지는 금괴나 동전의 형태로 존재합니다. 이는 단순히 가치를 저장하는 목적으로만 사용됩니다. 금 장신구를 가진 모든 사람이 금의 아름다움 때문에 금을 가지고 있다는 극단적인 가정을 해봅시다. 이 가정에 따르면 순수하게 저축의 수단으로 사용되는 금은 4조 5,000억 달러(약 5,300조 원)라고 볼 수 있습니다.

만약 비트코인이 부를 저장하는 수단으로 널리 채택된다면, 비트코인 경제는 금 경제가 가지고 있는 4조 5,000억 달러 수치의 시장을 대신할 수도 있습니다.

현재 저장되고 있는 돈의 액수를 추정하는 또 다른 방법은 세상에 어느 정도의 재산이 존재하는지 종합적으로 살펴보는 것입니다. 오늘날 개인의 평균 순자산은 (전 세계 억만장자부터 가난뱅이 노숙자를 모두 합해) 약 2만 5,000달러(약 3,000만 원)입니다. 이 값은 현금으로 보유하고 있는 저축과 다른 유형의 자산을 합쳐서 산출한 것입니다. 따라서 현재 전 세계의 총재산은 개인의 평균 순자산의 약 70억(세계 인구 수) 배, 즉 175조 달러 정도라고 볼 수 있습니다.

만약 비트코인이 인기 있는 저장 방법이 된다면 위에서 계산한 175조 달러의 일부분을 차지하게 될 것입니다. 전 세계 재산의 1%만 비트코인 형태로 저장돼도 비트코인 경제의 총가치는 수천억 달러에 달하게 됩니다. 시장에 유통될 수 있는 비트코인의 최대 개수는 2,100만 개이므로 세계 총재산의 1%라 해도 비트코인 한 개당 가치는 수십만 달러에 달하게 될 것입니다.

결제 수단

만약 비트코인이 거의 결제 수단으로만 작용한다면, 사람들은 구매에 필요한 만큼의 비트코인만 손에 쥐고 나머지 재산은 다른 곳에 보관할 것입니다. 현재 대부분의 사람들은 전통적인 화폐를 이런 식으로 사용합니다. 사람들은 미국 달러(또는 유로화, 엔화 등)를 사용해서 물건을 구매하지만 가치가 떨어지지 않는 채권이나 주식, 투자 신탁mutual fund, 기타 자산에 대부분의 재산을 저축합니다.

비트코인은 다른 국가의 통화에 비해 우월한 교환 수단입니다. 비트코인은 거래 수수료가 낮습니다. 또한 비트코인 결제 네트워크는 개인이 소유할 수 없는 시스템이며, 네트워크상에서 이용자의 신분 정보가 불필요하게 공개되는 경우도 없습니다. 거래 보안이 현대 암호학에 기반을 두고 있기 때문입니다.

비트코인이 결제 수단으로 널리 사용될 경우 세계에 미칠 영향을 추정하려면, 현재 전 세계적으로 얼마나 많은 돈이 결제를 통해 유통되고 있는지를 유추해볼 필요가 있습니다. 특히 다음 두 가지 질문에 대한 답이 필요합니다.

1. 한 사람이 정기적으로 지출하는 비용은 얼마인가?
2. 주어진 비트코인이 한 사람에게서 다른 사람으로 전달되며 경제 생태계 내에서 재사용되는 데 얼마의 시간이 걸릴까?

첫 번째 질문의 답부터 알아봅시다. 세계에서 가장 수입이 많은 10억 명의 현재 평균 연봉은 약 1만 5,000달러입니다. 이 수입에서 3,000달러가 저축에 쓰이고, 월 1,000달러가 소비 생활에 사용된다고 가정해보겠습니다.

두 번째 질문에 답하기 위해, 1달러가 재사용되는 데 현재 약 한 달이 걸린다고 가정해보겠습니다. 다시 말해, 만약 여러분이 오늘 식당에서 10달러에 햄버거를 산다면, 식당 주인이 그 10달러를 재사용하기까지 약 한 달이 걸릴 것이라는 의미입니다.

이러한 가정을 통해, 경제가 원활하게 돌아가기 위해서는 한 사람당 약 1,200달러가 항상 유통되고 있어야 한다는 추정을 해볼 수 있습니다. 그러니까 세계 경제가 제대로 기능하기 위해서는 10억 명당 1조 2,000억 달러 상당의 화폐가 교환 수단으로 유통되고 있어야 합니다.

비트코인이 보편적인 결제 수단이 된다면, 1조 2,000억 달러가 유통될 때 그중 일부는 비트코인으로 결제가 될 것입니다. 앞서 언급했듯 비트코인은 2,100만 비트코인이라는 발행 제한이 있기 때문에 만약 비트코인으로 전 세계 거래량의 1%를 결제하게 된다면, 비트코인 한 개당 수만에서 수십만 달러의 가치를 가지게 됩니다.

그렇게 되려면 아직 갈 길이 멉니다. 사람들은 계속해서 여러 방법으로 저축하고 (예를 들자면, 비트코인이 아무리 인기를 얻어도 주식은 절대 사라지지 않을 것입니다) 다양한 결제 수단을 사용할 것입니다. 그렇기에 비트코인은 결제 수단과 저축의 형태 두 가지로 동시에 이용될 것입니다. 비트코인이 더 널리 사용될수록 사용자는 비트코인을 더 유용하고 편리하게 여길 것입니다.

비트코인의 잠재적 가치를 논의해봤지만, 얼마나 많은 사용자가 비트코인을 채택할지는 알 수 없기 때문에 실제로 추정할 수 있는 근거는 부족한 편입니다. 우리가 가정하는 채택 수준에 따라 수억 달러에서 수백만 달러에 이르는 비트코인의 미래 가치를 예측할 수 있습니다. 터무니없는 상상이기는 하지만 만약 세계의 거의 모든 저축이 비트코인으로 이루어진다면, 비트코인 하나가 10억 달러의 가치를 가지게 될 것입니다. 왜냐하면 전 세계의 자산은 믿을 수 없을 만큼 어마어마하기 때문입니다!

그렇기 때문에 비트코인의 미래 가치를 한정적으로 생각해서는 안

됩니다. 비트코인 기술은 엄청난 잠재력을 가지고 있습니다. 물론 우리가 앞서 고려했던 비트코인의 여러 위험 사항을 피한다면 말입니다.

탈중앙화된 디지털 화폐의 위험성

비트코인이 널리 채택될 경우 발생할 수 있는 사회적 위험에 대해서 알아보겠습니다. 비트코인 기술 자체에는 그러한 목적이 없더라도, 이용자들은 비트코인 기술을 윤리적이지 않은 방향으로 이용할 수 있습니다.

비트코인과 범죄

우편으로 마약을 비롯한 불법 제품을 판매한 악명 높은 실크로드 웹사이트 등에서 비트코인이 주요 결제 수단으로 이용됐습니다. 이러한 배경을 기반으로 비트코인의 개인 정보 보호 기능이 범죄자들을 양성한다는 주장이 제기됐습니다. 분명 논쟁의 여지가 있는 문제지만, 논쟁에 들어가기에 앞서 알아야 할 진실이 있습니다. 물이 항상 낮은 곳으로 흐르듯, 범죄자들은 항상 그들의 익명성을 보장해주고 그들을 법 집행으로부터 보호해주는 도구를 선호한다는 것입니다.

2013년에 미국 정부는 실크로드 운영자로 추정되는 인물을 찾아내 기소하는 데 성공했고, 현장에서 제품을 판매한 마약상들을 체포했습니다. 실크로드를 신속하게 무너뜨린 행위는 다른 불법 웹사이트들에 강력한 경고로 작용했습니다. 현재로서는 비트코인이 범죄자들을 법적으로 보호한다는 뚜렷한 증거가 발견되진 않았습니다.

또한, 익명성을 보장하는 기술을 의심할 때 위험한 선례를 만들 수 있습니다. 최근 CCTV와 얼굴 인식 기술, SNS, GPS가 장착된 자동차 등이 보편화되면서 개인의 사생활 보호는 더욱 어려워졌습니다. 이러한 사생활 침해는 개인의 자유를 손상시킨다는 부정적인 면을 지닙니다.

이를 기반으로 사생활을 보호하는 기술의 사용을 장려하고 더욱 강화하는 비트코인 같은 시스템이 사회에 긍정적인 영향을 미친다는 반론을 제기할 수 있습니다. 사생활을 보호하는 도구를 통해 우리는 '기본적인 익명성anonymity by default'을 지킬 수 있습니다. 만약 익명을 유지해야 하는 타당한 이유가 있다면, 여러분은 비트코인이 제공하는 사생활 보호 기술에 고마움을 느낄 것입니다.

비트코인이 유용한 도구이기 때문에 비트코인을 사용하는 모든 사람(심지어 범죄자에게도)에게 편리함을 제공한다는 더 단순한 주장도 있습니다. 범죄자들은 자동차, 전화, 컴퓨터, 인터넷 등을 불법 행위에 사용하고 있지만, 우리는 범죄 활동을 막기 위해 그러한 기술들 자체를 금지하지는 않을 것입니다. 비트코인도 같은 맥락에서 이해해볼 수 있습니다.

비트코인의 에너지 비용

채굴자들이 비트코인을 채굴할 때 엄청난 양의 전력을 소비한다는 것도 비트코인에 대한 주요 논란 중 하나입니다. 이렇게 사용되는 에너지가 상당하기 때문에 비트코인 채굴 자체가 낭비이고 환경을 해친다는 주장도 있습니다.

하지만 이 주장은 기존 금융 시스템이 보안을 위해 지출하는 막대한 비용은 전혀 고려하지 않고 있습니다. 전통적인 화폐는 안전성을 유지하기 위해 장갑차, 보안관, 은행 금고 등을 동원합니다. 만약 우리가 전통적인 화폐를 최신 암호화폐로 전환한다면 이러한 전통적인 보안 메커니즘은 더 이상 필요하지 않을 것입니다.

또한, 신용카드 발급 기관은 높은 수수료를 부과하는데(미국에서는 거래당 약 2% 이상), 이 수수료의 상당 부분이 사기를 방지하는 비용으로 사용됩니다. 비트코인을 폭넓게 도입하게 되면 카드 경제 전반에서 이 2%의 자원 유출이 불필요하게 됩니다.

지분 증명Proof-of-Stake, POS : 효율적으로 암호화폐를 확보하는 방법일까?

비트코인 채굴은 시스템 보안을 위해 작업 증명**proof-of-work** 개념을 사용합니다. 이 시스템에서 새로운 블록과 비트코인은 해싱 계산**hashing calculation**의 수에 비례하여 채굴자들에게 무작위로 수여됩니다. 그러나 일부 개발자들은 보유하는 화폐의 양 또는 보유한 화폐의 수명에 비례하여 블록을 보상해주는 지분 증명 개념을 채택한 암호망을 구축하려고 시도했습니다. 이 접근 방식을 사용하는 통화로는 피어코인**Peercoin***과 엔엑스티**NXT****가 있습니다.

작업 증명에는 상당한 에너지가 소모되지만, 지분 증명은 그렇지 않습니다. 하지만 지분 증명 기반 시스템이 작업 증명 기반 시스템만큼 안전한지는 분명하지 않습니다. 작업 증명 기반 시스템이 51% 공격에 취약한 것과 마찬가지로, 지분 증명 기반 시스템에도 취약점이 있습니다(51% 공격에 대해서는 6장에서 자세히 설명하고 있습니다). 작업 증명 기반 시스템을 대상으로 한 51% 공격에는 어마어마한 자원이 필요하기에 공격자에게 경제적으로 비효율적입니다. 그러나 지분 증명 기반 시스템을 공격하는 것은 작업 증명 기반 시스템을 목표로 하는 것보다 더 쉬울 수 있습니다. 피어코인은 더 강력한 보안을 유지하기 위해 지분 증명 시스템에 추가로 작업 증명 기능의 일부를 결합하여 이 문제를 완화시켰습니다. 엔엑스티는 어떤 블록이 유효한지 결정하기 위해 합의 메커니즘에 장치를 추가함으로써 이 문제를 해결했지만, 이 과정에서 탈중앙화의 이점을 일부 포기해야 했습니다.

암호 전문가들 사이에서는 아직 지분 증명의 실용성에 대한 합의가 이루어지지 않았습니다. 그럼에도 암호화폐를 운용하는 에너지를 획기적으로 감소시킨다는 특징은 여전히 흥미롭고 매력적인 이점이라고 볼 수 있습니다.

* *http://www.peercoin.net/* ** *https://nxtplatform.org/*

비트코인과 디플레이션 위험

비트코인에 대한 또 다른 비판은 비트코인의 총 수가 2,100만 개로 한정돼 있기 때문에 비트코인의 가치가 계속해서 증가한다는 것에서 발생합니다. 그렇게 되면 아무도 비트코인을 사용하고 싶어 하지 않게 될 것이고, 통화로서의 가치를 잃은 비트코인은 결국 위험한 디플레이션 현상을 유도하게 될 것이라는 주장입니다.

이 주장은 케인스 경제학Keynesian Economics의 경제 개념과 관련이 있습니다. 케인스 경제학은 경제에 새로운 통화를 자주 주입하는 것이 경제적 성장을 촉진하는 데 도움이 된다고 주장합니다. 케인스학파의 이론대로라면 비트코인처럼 정부가 화폐를 더 찍어내지 못하는 구조는 경제성장을 심각하게 해친다고 볼 수 있습니다.[3] 이들은 비트코인의 발행 제한 제도가 디플레이션을 몰고 올 것이라고 말합니다. 비트코인으로 표시된 상품의 가격이 시간이 지남에 따라 하락하면서 화폐 유통이 얼어붙어 불황이 오게 될 것이라는 의미입니다. 개인이 상품 가격 하락을 예상하고 구매를 미루게 된다는 것이 이들의 의견입니다.

비트코인 지지자들은 케인스학파의 주장에 오스트리아 경제 철학Austrian economics으로 맞섰습니다. 오스트리아학파는 화폐 단위의 가격은 그 자체로 적절하게 조정될 수 있는 능력을 가지고 있으며, 경제에서 구매량과 저축량은 어느 시점에 얼마나 많은 화폐 단위가 존재하든 바람직한 수준으로 유지될 것이라고 주장합니다.

비트코인과 정부 안정성

어떤 사람들은 비트코인 시스템의 성공이 여러 정부를 불안정하게 만들 수 있기 때문에 비트코인은 해롭다고 주장합니다. 비트코인이 (정부가 맡고 있는 기능을 포함한) 모든 것의 탈중앙화를 지지하며, 그러한 방향이 바람직하다고 여기는 지방 분권 운동의 일환이라는 논란이 일었던 적이 있습니다. 지방 분권 운동은 프리드리히 하이에크Friedrich Hayek의 철학을 확장한 것입니다. 하이에크는 지역적인 통제local control가 중앙 통제central control보다 더 바람직하다고 추론했는데, 그 이유는 지역 사람들이 지역 상황에 더 많은 지식을 가지고 있어서 더 효율적으로 행동할 수 있기 때문이라고 주장했습니다. 정부가 통화 공급을 통제함으로써 이득을 얻는 것은 사실입니다. 정부는 과세를 통해 자금을 조달할 때 어려움에 직면하게 되고, 그러한 경우에 정부 사업에 자금을 조달하기 위해 '인플레이션에 의한 과세'라는 명목으로 돈을 찍어내기도 합니다. 이는 정부 입장에서는 추진하기 쉬운 일이고, 시민들 입장에서는 멈춰 세우기 어려운 일입니다. (국방 예산을 포함한) 정부 사업을 위한 자금을 조달하는 이 수단이 비트코인으로 인해 없어지게 된다면, 재정난에 봉착하는 정부가 생길 수도 있습니다.

그러나 탈중앙화 형태의 최신 기술은 비트코인 외에도 더 있습니다. 비트코인 토렌트, 그누텔라, 토르Tor, 프리넷Freenet 또한 중앙 통제가 불가능한 시스템입니다. 컴퓨터는 인터넷 혁명 이전에는 불가능했던 방법들로 우리가 탈중앙화의 장점과 잠재적인 결함을 생각할 수 있도록 해줍니다. 인터넷과 같은 탈중앙화 시스템은 많은 부분에서 정부의 안전성에 (특히, 언론의 자유를 억압하는 정부의 안전성에) 위협을 준다고 여겨집니다. 그러나 이러한 기술이 사회에 가져다준 엄청난 혜택 때문에 우리는 현재 이 기술들을 받아들이고 사용하고 있습니다. 인터넷의 경우 정부의 통제력을 일부 빼앗은 대신, 경제적 생산성을 향상시켜서 보상을 주기도 했습니다. 컴퓨터 엔지니어들은 이더리움과 같은 금융 계약 또는 비트 메시지와 같은 통신 시스템을 탈중앙화 시스템으로 유도하면서 탈중앙형 네트워크의 가능성을 넓혀 나가고 있습니다. 이 제도가 정부에 어떤 영향을 미칠지는 시간을 두고 지켜봐야 할 것입니다.

3장

비트코인의 기초

지금까지 저자들의 경험에 의하면, 누군가가 비트코인에 관심을 가지게 만드는 가장 쉬운 방법은 비트코인으로 무언가를 구입해보게 하는 것이었습니다. 고백하건대 저자들도 비트코인을 가지고 무언가를 산 후부터 비트코인에 마음을 빼앗겼습니다. 따라서 3장에서는 비트코인으로 거래하는 방법에 대해 살펴보겠습니다. 이를 통해 어떻게 비트코인이 작동하는지도 함께 알아보고자 합니다. 이 장을 읽고 나면 여러분은 다른 사람들과 비트코인에 대해서 자연스럽게 이야기할 정도의 기본 지식을 습득하게 될 것입니다.

비트코인의 작동 원리

비트코인 시스템에서는 모두가 서로 협력하여 돈의 흐름을 추적합니다. 1장에서 이야기했듯이 은행이나 중앙정부와 같은 중앙권력central authority이 개입하는 일은 없습니다. 미국 달러로 예를 들어 이 시스템이 작동하는 원리를 알아보겠습니다.

전 세계에 2,100만 달러만 있다고 가정해봅시다. 이 돈을 가지고 있는 사람이 누구인지에 대한 자세한 명단이 존재하며 모두가 이 명단을 가지고 있습니다. (물론 당신은 5달러 정도만을 가지고 있을 수도 있겠죠.) 당신이 친구에게 2달러를 주면 이 명단에 있는 본인의 자산에서 2달러가 빠지고, 친구의 자산에 2달러가 더해집니다. 당신이 이 거래에 대해 친구에게 알리면, 마찬가지로 친구는 자신이 가지고 있는 장부를 업데이트해야 합니다. 실제로는 이 장부를 가지고 있는 모두가 방금 이루어진 거래에 대해 업데이트를 해야 하며 만일 그렇게 하지 않는 사람이 있다면, 그 사람의 장부에는 오차가 생기게 됩니다. 그렇기 때문에 당신은 거래 당사자인 친구에게만 이 사실을 알려주는 게 아니라 공개적으로 당신이 이 장부를 업데이트한다고 발표해야 합니다. 만일 속임수를 써서 친구에게 1,000달러를 보낸다고 거짓말을 하더라도 당신에게 5달러밖에 없다는 사실을 모두가 알고 있기 때문에 그 거짓말은 금방 들통나게 됩니다.

자, 이제 모든 거래가 컴퓨터를 통해 이뤄지며, 모든 화폐가 비트코인이라고 상상해봅시다. 이것이 비트코인이 작동하는 원리입니다. 사실 정말 간단합니다. 그럼 비트코인이 어렵게 느껴지는 이유는 무엇일까요?

이에 대한 답은 세 가지 정도로 정리할 수 있습니다. 첫째, 새로운 화폐 시스템의 기본 단위들(비트코인이든 원시시대에 사용하던 조개껍질이든)의 값이 어떻게 매겨져야 하는지를 모르기 때문입니다. 예를 들자면 이발하는 데 드는 비용으로 5,000비트코인이 적합할지, 혹은 0.005비트코인이 적당할지에 대한 문제와 같습니다. 둘째, 전반적인 속성은 매우 간단하지만 비트코인이 실제로 적용되는 데에는 아주 다양하고 복잡한 세부 사항들이 있기 때문입니다. 장부를 어떻게 얻을 수 있는지, 비트코인은 맨 처음에 어떤 기준으로 분산되는지와 같은 세부 사항들 말입니다. 셋째, 비트코인 세계에서 쓰는 새롭고 생경한 단어들(채굴 등) 때문입니다.

3장에서는 비트코인의 주소, 개인 키, 비트코인 지갑, 그리고 블록체인과 같은 중요한 개념들을 정리해보겠습니다. 덧붙여 비트코인 채굴과 비트코인 거래를 통해 어떻게 시스템이 돌아가는지 알아보도록 합시다. 가장 먼저 우리가 알아야 할 것은 비트코인의 단위입니다.

비트코인의 단위

비트코인의 총합은 2,100만 개로 정해져 있고 1은 더 작은 수로 나눌 수 있습니다. 예를 들면 0.1비트코인 또는 0.001비트코인으로 말이죠. 가장 작은 단위는 1억분의 1비트코인(0.00000001비트코인)이며 비트코인을 처음 고안한 사토시 나카모토에게 경의를 표하는 뜻으로 '1사토시'라고 부릅니다. 따라서 비트코인으로 상품의 가격을 정밀하게 나눌 수 있으며 상품에 대한 정확한 가격을 지불할 수도 있습니다. 이를테면 어떤 상점에서 판매자가 1갤런의 우유를 0.00152374비트코인으로 책정할 수 있다는 말입니다.

판매자는 가격표에 화폐 단위를 '비트코인'이라고 쓰는 대신 줄여서 BTC 또는 XBT라고 표기합니다. 5비트코인의 경우 5BTC라고 적는 식입니다. 개발 초기부터 BTC라는 약식 표기를 사용했지만 몇몇 판매자와 웹사이트는 국제 통화 규칙에 따라 XBT라는 약식 표기를 쓰기 시작했습니다. 통화 코드에 대한 규정(ISO 4217)에 따르면 첫 번째 영문명은 통화를 발행하는 나라의 이름입니다. 하지만 비트코인의 경우 비정부 통화이기 때문에 이 통화의 이름은 금XAU이나 은XAG과 같은 X로 시작됩니다. 비트코인의 값어치가 올라가면서 1,000분의 1비트코인(밀리비트코인mBTC) 또는 100만분의 1비트코인(마이크로비트코인μBTC)을 쓰는 일이 많아졌습니다. 많은 사람이 작은 단위의 비트코인에 좀 더 쉬운 이름들을 제시했고 그중 유명해진 것이 마이크로비트코인microbitcoins으로, 줄여서 비츠bits라고도 부릅니다.

1비트코인 = 1BTC 또는 1XBT

1BTC = 1,000mBTC

1mBTC = 1,000μBTC

1μBTC = 100satoshi = 1비트

비트코인의 단위에 대해 알게 됐으니 이제 비트코인과 관련된 용어들을 좀 더 살펴볼 수 있겠군요. 그럼 비트코인 주소Bitcoin address에 대해 알아보도록 하겠습니다.

비트코인 주소

비트코인은 비트코인 보유량과 소유자를 나타내는 공용 장부를 사용합니다. 장부에는 계좌와 사람 이름을 기입하는 대신 비트코인 주소만 정리합니다. 각 주소는 개인(또는 비즈니스 그룹 등)의 가명이라고 생각하면 쉽게 이해할 수 있을 겁니다. 비트코인 주소를 통해 사람들은 개인 정보를 공개하지 않고 비트코인을 사용할 수 있습니다. 아래는 비트코인 주소의 예시입니다.

```
13tQ1fbTMB6GxUJfMqCSDgivc8fvkHEh3J
```

은행 계좌번호와 마찬가지로 비트코인 주소는 일련의 문자와 숫자로 구성됩니다(일반적으로 숫자 1로 시작). 다른 사용자(온라인 판매자, 친구, 가족)에게 비트코인을 보내려면 비트코인 주소만 알면 됩니다. 한마디로 다른 사람들에게 당신의 비트코인 주소를 공유하면 그들이 당신에게 비트코인을 보낼 수 있다는 것입니다. 비트코인 주소는 입력하기 번거롭기 때문에 많은 사람이 QR 코드를 사용합니다.[4] 편의를 위해 비트코인 주소나 QR 코드를 명함, 개인 웹사이트, 상점 정면(판매자인 경우)에 적어둘 수도 있습니다. 비트코인을 보내려면 인터넷이 연결되어야 하지만 비트코인을 받을 때는 인터넷 연결이 필요하지 않습니다. 예를 들어, 당신이 자선 기관에서 일한다면, 비트코인 주소와 '비트코인 기부를 고려해주십시오'와 같은 문구가 인쇄된 명함 수천 장을 뿌리는 것만으로 잠을 자는 동안에도 비트코인을 모금할 수 있다는 얘기입니다.

= "hello world"

"16r61N8tBo3FTQGwZ
CRXLLygNqVL8NEsrR" =

▶ QR 코드는 임의의 데이터를 나타낼 때 사용합니다. 스마트폰으로 스캔하기 쉬우며, 비트코인 주소에 사용되는 긴 문자열을 편리하게 공유할 수 있습니다.

전통적인 은행 업무를 떠올려보았을 때, 한 계정에서 다른 계정으로 돈을 송금한다는 것은 해당 은행의 모든 계좌를 나열한 비공개 장부private ledger를 업데이트한다는 의미입니다. 만약 화재 또는 기타 재난으로 은행의 장부가 손상된다면 자산을 소유한 사람에 대한 정보가 영원히 손실될 수 있습니다. 비트코인 또한 장부를 사용하지만 동일한 사본이 전 세계 수백만 대의 컴퓨터에 배포됩니다. 은행의 비공개 장부와 달리 취약점central point of failure이 존재하지 않는 것입니다. 비트코인 장부에 기록된 거래 내역은 영구적으로 존재하며, 지우는 것이 불가능합니다. 비트코인을 한 주소에서 다른 주소로 이동시키는 것은 비트코인 네트워크의 모든 컴퓨터에 동일한 방식으로 각 장부를 업데이트하라고 지시하는 것과 같습니다.

비트코인 장부의 모든 거래 내용은 공개 정보이므로 이에 관한 사생활 보호는 어려울 수 있습니다. 비트코인 주소를 친구와 공유하거나 공공장소에 당신의 신원을 게시하는 경우, 그 주소에 있는 비트코인 잔액과 관련 거래 내역이 모두에게 알려질 것입니다. 개인 정보 보호를 위해 여러 비트코인 주소를 사용하면서 일부만 공개하는 방법도 있습니다.[5]

그렇다면 어떻게 비트코인을 한 주소에서 다른 주소로 이동시킬 수 있을까요? 우선, 이 작업을 위해서는 개인 키private key가 필요합니다.

개인 키

개인 키는 비트코인 주소와 마찬가지로 숫자와 문자로 조합된 긴 문자열입니다(일반적으로 숫자 5로 시작). 길이가 길어서 비트코인 주소처럼 QR 코드로 개인 키를 나타내기도 합니다. 각 개인 키는 단일 비트코인 주소와 쌍을 이루어 그 주소의 비트코인을 잠금 해제할 수 있습니다. 즉, 다른 곳으로 이동시킬 수 있습니다. 다음은 개인 키의 예시입니다.

```
5J2ae37Jwqzt7kSp9rE17Mi2LbkHXx4tzNSzbq7xDp2cQJCzhYo
```

비트코인 주소는 은행 계좌 번호와 유사하고, 개인 키는 은행 계좌의 비밀번호Personal Identification Number, PIN와 유사하여 인출이나 지출을 승인할 때 필요합니다. 한 주소에서 다른 주소로 비트코인이 이동한 뒤 비트코인 네트워크에 거래 내용이 공표되면, 네트워크상의 컴퓨터들은 공개 장부를 업데이트하기 전에 거래 내역이 허가되었는지 점검합니다. 좀 더 자세히 말하자면, 거래 내역이 개인 키를 사용하여 디지털 방식으로 서명되었는지 확인합니다. 가치 이동을 위한 디지털 서명은 해당 개인 키를 소유한 사람만 만들 수 있습니다. 비밀번호와 마찬가지로 개인 키는 타인과 공유해서는 안 됩니다. 누군가 당신의 개인 키를 알게 되면, 그가 당신의 비트코인 주소에 있는 비트코인을 사용할 수 있기 때문입니다.

개인 키를 사용하여 디지털 서명을 생성할 수 있지만 디지털 서명을 사용하여 개인 키를 얻을 수는 없습니다. 또한 한 번 사용한 디지털 서명은 새로운 거래를 할 때 다시 사용할 수 없기 때문에 비트코인 네트워크에 서명된 거래 내역을 공개적으로 알리는 것은 위험하지 않습니다. 이 작업은 신용카드로 온라인에서 거래하는 것과는 근본적으로 다릅니다. 신용카드를 사용할 때는 누군가에게 신용카드 번호를 제공하여 거래를 승인합니다. 이렇게 제공된 신용카드 번호는 당신이 의도하지 않은 더 많은 거래를 승인하는 데에 악의적으로 재사용될 수도 있습니다.

은행 계좌의 비밀번호는 당신과 은행이 같이 알고 있지만, 개인 키는 당신만 알고 있습니다. 따라서 비트코인이 저장된 주소의 개인 키를 잃어버리면 그 주소에 들어 있는 비트코인은 영원히 쓸 수 없게 된다는 위험이 있습니다. 그렇기 때문에 개인 키를 절대 잃어버리지 않는 게 중요합니다! 다행히도 개인 키는 디지털 백업을 하기 쉬우며 종이에 기록하여 안전한 장소에 보관할 수도 있습니다. 비트코인 주소는 잃어버려도 해당 개인 키에서 복구할 수 있으므로 문제가 되지 않습니다(이 장의 뒷부분에서 설명할 비트코인 지갑 프로그램은 자동으로 이 작업을 수행합니다).

모든 개인 키는 언제나 하나의 비트코인 주소와 연결되어 있지만 비트코인 주소는 여러 개의 키와 연결될 수 있습니다. 비트코인 주소에서 잠금을 해제하기 위해 여러 개의 개인 키가 필요할 수 있다는 뜻입니다. 이 경우 비트코인 주소는 일반적인 경우와 달리, 1 대신 3으로 시작합니다. 그러나 이는 일반적인 거래에서는 자주 사용되지 않는 고급 기능입니다.

물론 한 개의 주소와 개인 키로도 비트코인을 사용할 수 있습니다. 그러나 대부분의 사람은 여러 개의 주소와 각기 다른 개인 키를 사용하고, 이 주소를 디지털 지갑에 저장합니다.

비트코인 지갑 bitcoin wallet

비트코인 지갑은 한 사람이 소유한 비트코인의 주소와 개인 키들의 집합입니다. 비트코인 주소가 여러 개인 경우, 자산을 정리할 때 도움이 됩니다. 여러 비트코인 주소에 각기 용도가 다른 자산을 저장할 수 있습니다. 예를 들면 집세 지불, 온라인 쇼핑, 노후를 위한 저축을 목적으로 세 개 이상의 비트코인 주소를 보유할 수 있다는 것입니다. 비트코인이 들어 있는 두 개의 지갑을 여러 비트코인 주소에 분산해서 소유할 수도 있습니다.

지갑 형태로 여러 주소를 사용하게 되면 개인 정보를 유지하고 관리하기가 편리합니다. 왜냐하면 동일한 지갑에 있는 두 개의 비트코인 주소를 한 사람이 소유하고 있다는 것을 (하나의 물건을 두 계정의 비트코인으로 구매해서 두 주소가 서로 연결돼 있다는 점이 부각되지 않는 이상) 누구나 볼 수 있는 비트코인의 공용 장부에서는 알 방법이 없기 때문입니다.

여러 개의 주소와 개인 키를 관리하기 위해 사람들은 비트코인 지갑 프로그램Bitcoin Wallet Program(혹은 비트코인 지갑 클라이언트)을 사용합니다. 비록 비트코인 지갑은 추상적인 개념이지만 비트코인 지갑 프로그램은 새로운 비트코인 주소를 만들고, 다른 사람들에게 비트코인을 보내고, 개인 키를 백업하는 작업들을 손쉽게 할 수 있도록 도와줍니다. 그러나 비트코인 지갑과 관련된 용어들이 모두 통일되어 있지 않기에 주의가 필요합니다. 예를 들어 다양한 의미의 비트코인 지갑 프로그램들을 비트코인 지갑이라는 하나의 개념으로 혼동해서 사용하고 있습니다. 비트코인 지갑을 저장할 때(백업 복사본을 만들어 둘 때), 여러 비트코인 주소에 대한 정보가 있는 지갑 파일wallet file을 만듭니다. 이렇게 만들어진 지갑 파일을 비트코인 지

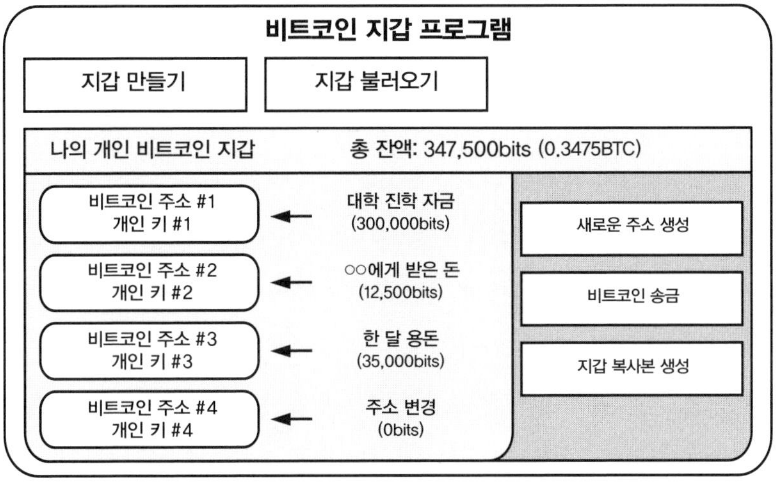

▶ 비트코인 지갑은 주소와 해당 개인 키를 체계적으로 수집한 것입니다. 비트코인 지갑 프로그램은 비트코인 전송 및 관리와 같은 일반적인 작업을 수행하는 데 도움이 됩니다.

갑 프로그램으로 사용할 수 있습니다.

당신은 수많은 비트코인 지갑 프로그램 중에서 사용할 프로그램을 선택할 수 있습니다. 대부분의 프로그램은 무료로 다운받을 수 있고 노트북이나 스마트폰 또는 웹 브라우저에서 실행할 수 있습니다. 이 장에서는 다양한 비트코인 지갑 프로그램 중 오픈 소스이며, 크로스 플랫폼으로 사용하기 매우 간편한 일렉트럼Electrum 지갑의 사용법을 알아보겠습니다.

일렉트럼으로 첫 비트코인 지갑 만들기

이 장의 내용을 이해하고 실천하기 위해서는 일렉트럼을 설치해야 합니다(http://electrum.org/에서 다운로드가 가능합니다). 다른 비트코인 지갑 프로그램을 사용하더라도 다음에 나오는 내용들을 대부분 적용할 수 있을 것입니다. 일렉트럼을 처음 실행하면 새 지갑을 만들거나 예전 지갑을 복원하라는 메시지가 표시됩니다.

다음 단계는 일렉트럼에만 해당하는 내용으로, 다른 비트코인 지갑 프로그램에도 적용되는 일반적인 기능은 아닙니다. 이 응용 프로그램에서는 임의로 선택된 12개의 단어로 구성된 시드seed를 제공하고 이를 종이에 적어놓으라는 메시지가 뜹니다. 일렉트럼은 이 시드를 사용하여 비트코인 주소와 개인 키를 만듭니다. 따라서 시드는 개인 키와 마찬가지로 타인과 공유해서는 안 됩니다. 여기서는 적은 양의 비트코인을 다루므로 크게 조심할 필요는 없지만, 이러한 보안 세부 사항을 항상 염두에 둬야 합니다. 시드의 주요 이점은 화재와 도난으로 컴퓨터를 분실하더라도 비트코인 지갑, 비트코인 주소, 개인 키 그리고 가장 중요한 돈을 시드를 통해 복구할 수 있다는 것입니다.

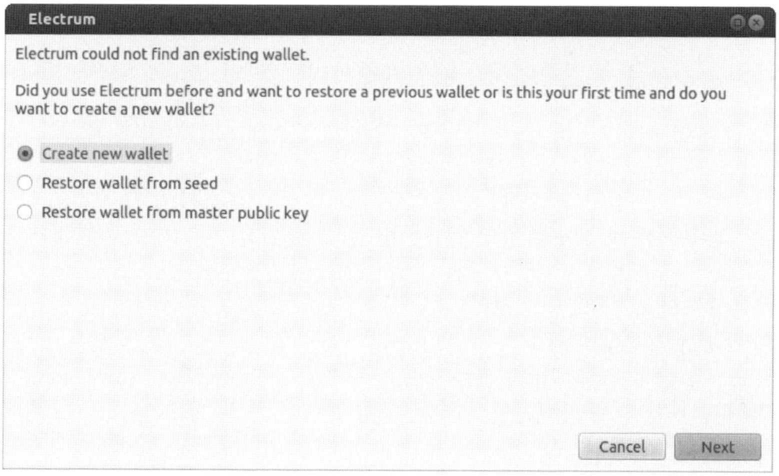

▶ 일렉트럼 실행 시 표시되는 메시지.

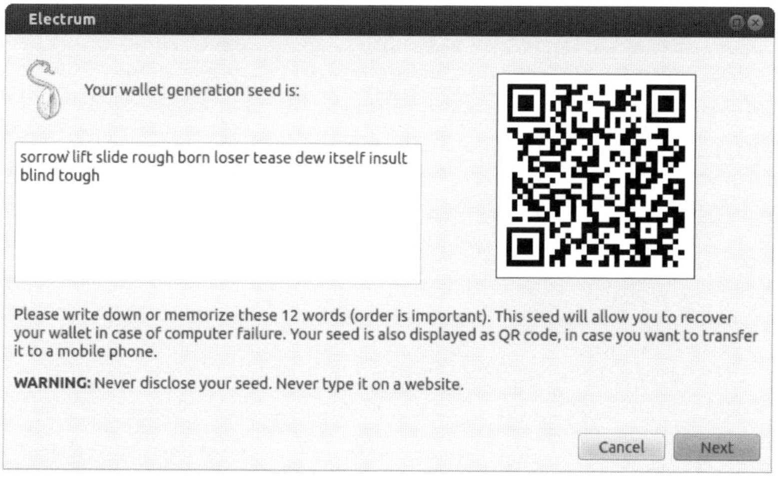

▶ 일렉트럼이 제공하는 시드.

다음 단계에서는 부차적으로 암호를 생성할 수 있습니다. 암호를 생성하는 것은 선택 사항이지만 매우 중요합니다. 만약 누군가 나쁜 마음을 먹고 당신의 컴퓨터를 훔친다면 이 암호를 이용해 당신이 비트코인에 접근하는 걸 막을지도 모릅니다. 일렉트럼(또는 다른 비트코인 지갑 프로그램)은 암호를 한 번 더 암호화하여 비트코인 지갑을 컴퓨터에 저장하기 때문에 암호 없이는 비트코인 지갑을 사용할 수 없습니다. 다른 비트코인 지갑 프로그램의 경우에는 암호를 잊어버리면 지갑을 영구적으로 사용할 수 없게 되기도 합니다. 그러나 일렉트럼을 사용하면 암호 없이도 시드로 지갑을 복원할 수 있습니다.

마지막 단계에서 일렉트럼은 원격 서버에 연결하는 방법을 선택하라고 안내합니다. 자동 연결을 선택하고 '다음'을 클릭하십시오.

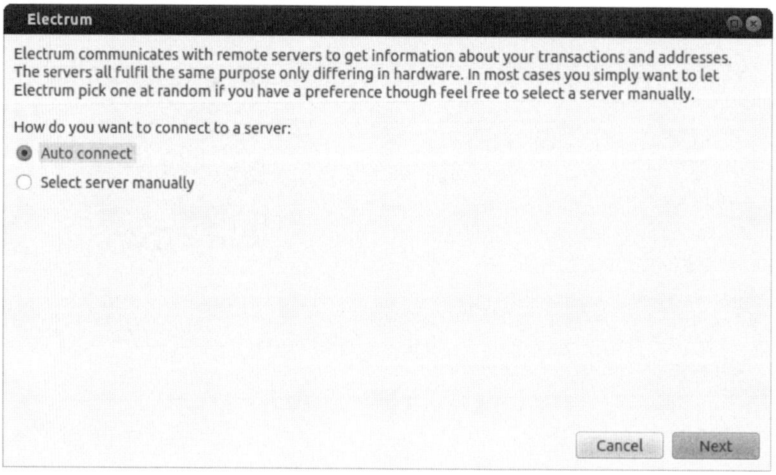

▶ 서버 연결 설정.

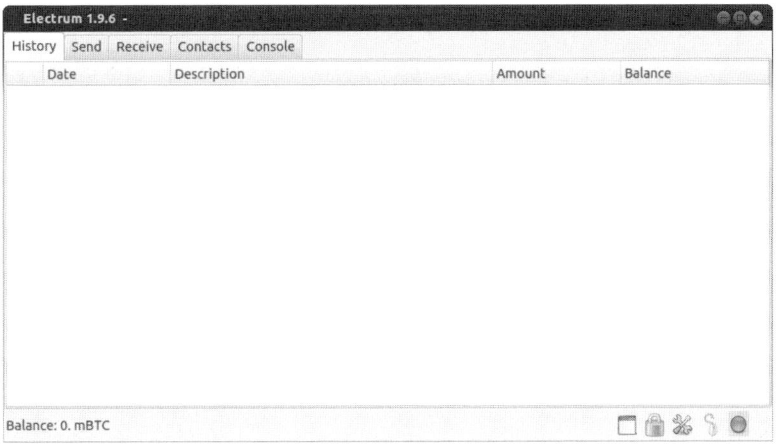

▶ 당신의 첫 비트코인 지갑.

새로 뜬 화면 오른쪽 하단에 녹색 점이 나타난다면 사용자가 비트코인 네트워크에 연결됐다는 의미입니다. 축하합니다! 방금 처음으로 비트코인 지갑을 만들었습니다! 이제 지갑을 비트코인으로 채워볼까요?

지갑에 비트코인 저장하기

다음 그림과 같이 수신 탭을 누르면 여러 개의 비트코인 수신 주소 목록이 뜹니다.

이 주소들을 지인들과 공유할 수 있으며, 이를 통해 비트코인을 주고받을 수 있습니다. 만약 비트코인에 큰돈을 저장하고 싶다면 5장을, 보안에 대한 정보를 알고자 한다면 4장을 꼼꼼히 읽는 것을 권합니다.

비트코이너 친구나 비트코인 관련 사이트를 통해 약간의 비트코인을 얻으려면 해당 친구 혹은 웹사이트에 당신의 공개 비트코인 주소 중 하

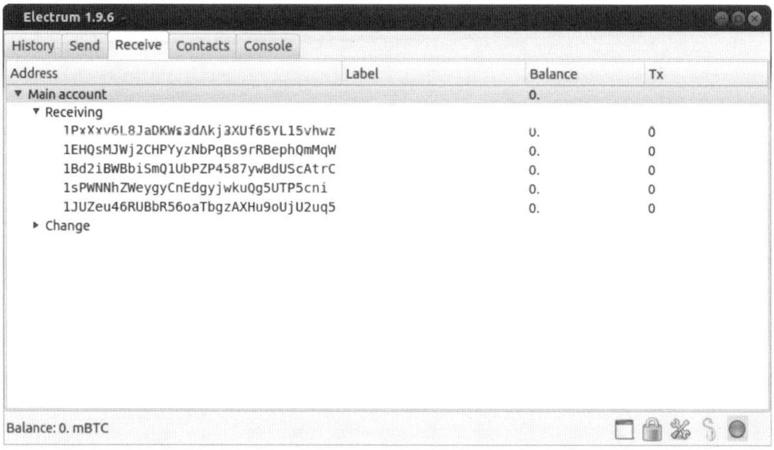

▶ 수신 탭.

▶ 일렉트럼을 통한 비트코인 전송.

나를 알려줘야 합니다. 당신의 친구가 비트코인을 보내고 몇 분이 지나면, 당신의 일렉트럼 지갑에 잔액이 표시될 것입니다. 실제로 잔액은 대개 즉시 업데이트됩니다.

TIP 개인 비트코인 키를 비트코인 지갑으로 가져오면 위험할 수도 있습니다. 적은 금액이 필요할 때만 개인 키를 사용해서 돈을 가져와야 합니다. 능숙한 비트코이너가 아니라면 큰돈을 관리할 때는 이 방법을 사용하지 마십시오. 가공되지 않은 개인 비트코인 키**raw private Bitcoin keys**로 작업하는 것은 위험할 수 있습니다.

이제 일렉트럼이 어떤 방식으로 비트코인 주소를 얻는지 궁금할 것입니다. 이에 대한 답은 비트코인 지갑 프로그램에서 찾을 수 있습니다.

비트코인 주소 만들기

비트코인 지갑 프로그램을 실행하면 인터넷이 연결돼 있지 않더라도 비트코인 주소를 새로 생성할 수 있습니다. 비트코인 지갑을 생성할 때 비트코인 네트워크와의 통신이 필요 없다는 것을 많은 사람이 의아하게 생각합니다. 예를 들어 새 이메일 주소를 만들 때는 쓰고자 하는 주소나 번호를 다른 사람이 먼저 사용하고 있지 않은지 확인해야 합니다. 새 전화번호를 받거나 은행에서 계좌를 개설할 때도 마찬가지입니다. 그러나 새로운 비트코인 주소를 원한다면 사용이 가능한 모든 비트코인 주소 중에서 임의로 하나가 생성됩니다. 그럼 임의로 생성된 비트코인 주소를 다른 사람이 먼저 임의로 생성했을 확률은 얼마나 될까요? 지구상의 모든 해변과 사막에 있는 모래 알갱이들을 생각해보세요. 당신이 이 중 무작위로 선택한 하나의 알갱이가 다른 사람이 똑같이 무작위로 선택한 알갱이와 같은 것일 확률이 당신과 그 사람이 동일한 비트코인 주소를 생성할 확률보다 1조 배 이상 높습니다. 사실 1조 배(10^{12})라는 결론도 어마어마하게 과소평가한 숫자입니다. 생성 가능한 비트코인 주소의 개수는 2^{160}개로, 대략 10의 48승이고 지구의 모래 알갱이는 10의 19승밖에 되지 않으니까요.

비트코인 주소를 만드는 것은 오프라인 상태에서도 할 수 있지만 주소에 얼마나 많은 돈이 있는지 확인하고 다른 사람에게 돈을 보내는 것은 온라인 상태에서만 가능합니다. 잔고를 확인하고 돈을 송금하기 위해서는 비트코인의 공용 장부에 접근해야 하기 때문입니다.

블록체인

비트코인의 모든 거래는 블록체인에 기록됩니다. 앞으로 이 책에서 비트코인 거래 장부를 블록체인이라고 표기하겠습니다. 새로운 거래가 큰 덩어리 즉, 블록**block**으로 장부에 추가되기 때문에 이러한 이름이 붙었습니다. 새로운 비트코인 거래가 네트워크에 공표될 때마다 네트워크상의 컴퓨터들은 새로운 비트코인 거래 내역을 새 거래 내역 풀**pool**에 더합니다. 그런 다음 약 10분마다 해당 풀의 거래 내역이 블록으로 묶여 기존의 블록체인에 추가됩니다. 기록 작업이 제대로 작동하려면 모든 비트코인 지갑 프로그램이 기존 블록체인의 최신 사본에 접근할 수 있어야 하며 블록이 추가될 때마다 지갑 프로그램들이 이 추가된 블록을 복사하여 자신이 가지고 있는 블록체인에 추가해야 합니다.

거래 내역을 수집하고 기존 블록체인에 이를 추가하는 비트코이너를 채굴자miner라고 부릅니다. 비트코인 채굴 소프트웨어를 컴퓨터에 설치하고 비트코인 네트워크에 접속하면 누구나 채굴자가 될 수 있습니다. 보통 수만 명의 채굴자가 이 네트워크에 접속해 있습니다. 모두 블록체인에 새로운 거래를 추가하는 데 컴퓨터 자원을 자발적으로 쓰고 있는 것입니다.

네트워크에서는 채굴자 한 명이 블록체인에 블록을 추가합니다. 그런 다음 비트코인 네트워크의 모든 사람이 이 블록체인의 사본(여기에는 다른 채굴자와 비트코인 지갑 프로그램이 포함됨)을 업데이트합니다. 여러 채굴자 중 한 명만 블록을 추가하는 이유는 무엇이며, 블록을 추가하는 채굴자는 어떻게 정해지는 것일까요? 이를 이해하기 위해서는 비트코인의 기술적

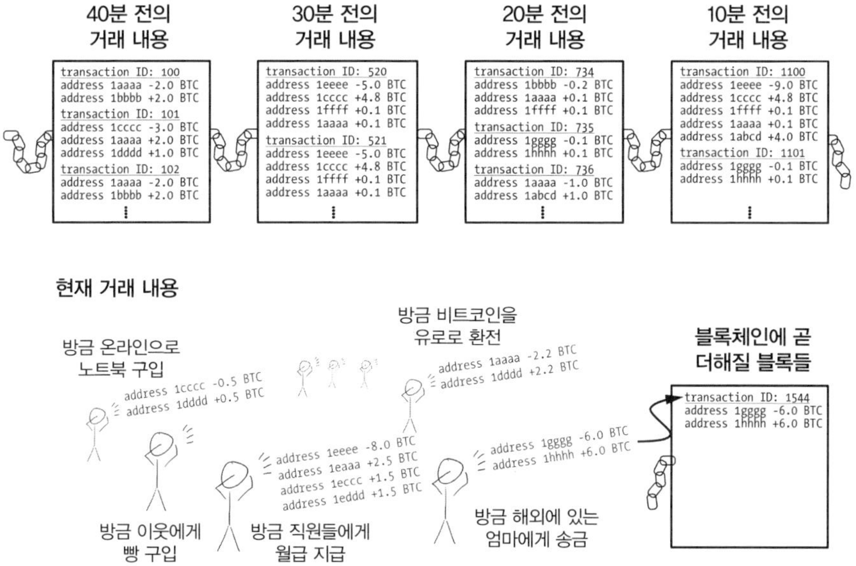

▶ 비트코인 거래 내역은 10분마다 블록체인에 추가되는 블록을 통해 통합 정리됩니다.

인 부분을 참고해야 합니다.

먼저 왜 블록체인을 업데이트해야 하는지 살펴보겠습니다. 거래가 완료되기 위해서는 비트코인 지갑 프로그램에 최신 블록체인 사본이 업데이트돼야 합니다. 몇 달 동안 비트코인을 보내거나 받을 일이 없는데도 굳이 블록체인 사본을 업데이트해야 하는 이유는 뭘까요? 비트코인 시스템이 작동하려면 많은 사람이 블록체인의 최신 복사본을 유지해야 합니다. 한 명에게만 최신 사본이 있다면 그 사람이 다른 사람들이 보유하고 있는 비트코인 금액을 조작할 수 있기 때문입니다. 이런 경우, 아무리 선의의 기술이라 해도 시스템이 유지되기 어려울 수 있습니다. 그러나 매력적인 보상이 있다면 얘기가 달라지겠죠.

블록체인 보상Blockchain Lottery

비트코인은 사용자들이 블록체인을 가능한 한 자주 업데이트하도록 장려하기 위해 보상 시스템을 사용합니다. 따라서 수많은 사람이 채굴자가 되어 가장 먼저 블록체인에 블록을 추가하려고 합니다. 확률에 따라 선택된 승자가 블록을 추가하게 됩니다. 이처럼 비트코인을 실행하기 위해 추첨을 통한 보상 시스템을 사용하는 이유는 무엇일까요? 크롤리가 클라리시로부터 1만 달러짜리 차를 사고 싶어 한다고 상상해봅시다. 전통적인 통화를 사용하면 이 거래에 참여하는 두 사람이 은행에 가서 계좌 이체를 통해 돈을 주고받을 수 있습니다(또는 자기앞수표를 사용할 수 있습니다).

그들은 장부를 관리해주고 장부의 돈을 한 사람의 계좌에서 다른 사람 계좌로 이동시켜줄 신뢰할 수 있는 제3자가 필요하기 때문에 은행에서 이 작업을 수행합니다. 은행원은 크롤리와 클라리시가 신뢰할 수 있는 선

▶ 크롤리가 은행에서 계좌 이체를 통해 클라리시에게 1만 달러를 보냅니다.

언을 합니다. 즉, 장부가 올바르게 갱신되었다고 확인해주는 것이죠.

비트코인을 사용할 때도 장부를 조정할 사람이 필요합니다. 장부에 블록을 추가하여 블록체인을 정리하는 역할은 누구나 할 수 있지만, 거래 당사자와 연결되어 있는 이는 배제됩니다. 이해관계가 상충할 수 있기 때문입니다. 이 경우 추첨을 통해 사람을 무작위로 골라내는 방식이 도움이 됩니다. 특정 비트코인 거래가 유효하다는 것을 인정해줄 임의의 채굴자를 추첨으로 선정합니다.

물론 이 채굴자가 거래에 참여한 사람 중 누군가를 알고 있을 가능성은 항상 있습니다. 이것이 블록이 체인으로 배열된 이유입니다. 대략 10분 후에 다음 당첨자가 발표되면, 이 채굴자는 이전 사람들이 확인한 모든 거래를 재확인합니다.

이 과정에서 각 당첨자는 보상금으로 일정량의 비트코인을 받습니다. 해당 블록의 거래에 대한 모든 거래 수수료가 보상금으로 지급되므로 채굴자는 가능한 한 많은 거래를 하나의 블록에 모아 블록 보상을 늘리고자 합니다. 10분 후에 추가된 다음 블록의 보상을 받으려면 채굴자가 차기

▶ 비트코인 거래를 확인해줄 사람은 비트코인 채굴 소프트웨어를 실행하는 사람 중 무작위로 선정됩니다.

▶ 각 당첨자는 자신의 거래 블록뿐 아니라 이전 블록(유효한 것으로 간주되는 모든 블록)을 확인합니다.

라운드에 참여할 블록체인의 최신 복사본을 가지고 있어야 합니다. 이 과정은 채굴자가 제어하는 컴퓨터에서 실행되는 공개 소스 비트코인 채굴 소프트웨어에 의해 자동으로 수행됩니다. 이러한 보상 구조로 인해 수천 명의 채굴자가 비트코인 사용자의 거래를 지속적으로 처리하여 블록체인이 항상 최신 상태인지 확인합니다.

보상 추첨은 중앙 기관의 개입 없이 네트워크 내에서 자체적으로 진행합니다. 채굴자가 당첨 번호를 찾을 때까지 무작위로 숫자를 계속해서 생성한다고 이해하면 됩니다. 이 과정에 약 10분이 소요됩니다. 특정 채굴자가 찾은 숫자가 당첨 번호라는 것이 암호화를 통해 확인되면 채굴자는 새로운 블록을 블록체인에 추가하고 보상을 받습니다. 채굴자가 블록을 채굴하고 추가하여 보상을 얻는 일련의 과정을 보통 '블록을 찾았다found a block'고 표현합니다.

블록체인 포크Blockchain Forking

위에서 설명한 당첨 시스템은 대부분 문제없이 작동합니다. 그러나 때때로 두 명의 채굴자가 동시에 블록을 찾으면 블록체인이 두 갈래로 나뉘는 현상이 발생합니다.

예를 들어 채굴자인 크롤리와 사토시가 몇 초 사이에 하나의 당첨 번호를 찾아냈다고 상상해보세요. 그들이 비트코인 네트워크상에서 물리적으로 멀리 떨어져 있다면(지구 반대편이라든지), 네트워크의 한 부분이 크롤리를 승자로 판단하고 다른 부분은 사토시를 승자로 식별하게 됩니다. 크롤리와 사토시는 각각 자신이 해당 라운드에서 승리한 채굴자라고 생각하고 둘 다 블록체인에 블록을 추가하게 됩니다. 네트워크의 한쪽은 크롤리

현재 블록체인은 1만 510개의 블록으로 구성돼 있습니다.

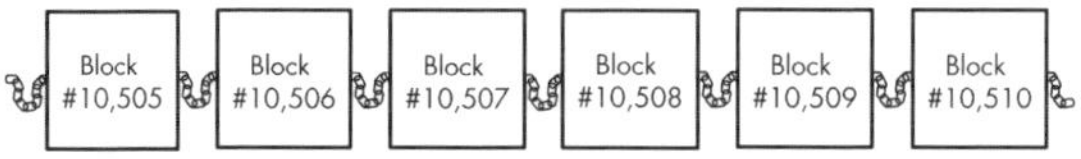

전 세계가 1만 511번째 블록이 더해지길 기다리고 있는데, 갑자기 지구 반대편에서……

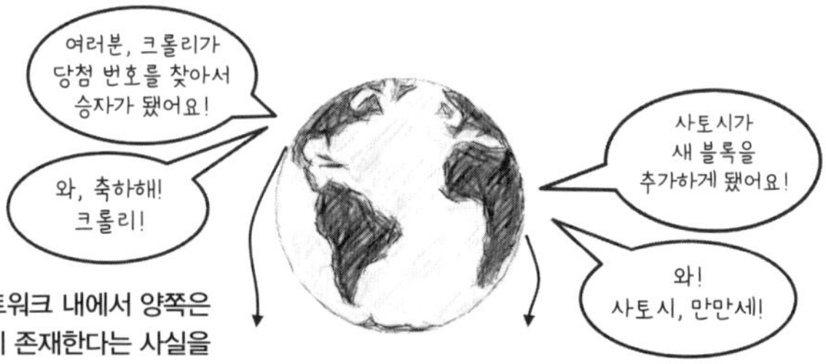

처음에 비트코인 네트워크 내에서 양쪽은 서로 다른 블록체인이 존재한다는 사실을 알아차리지 못합니다.

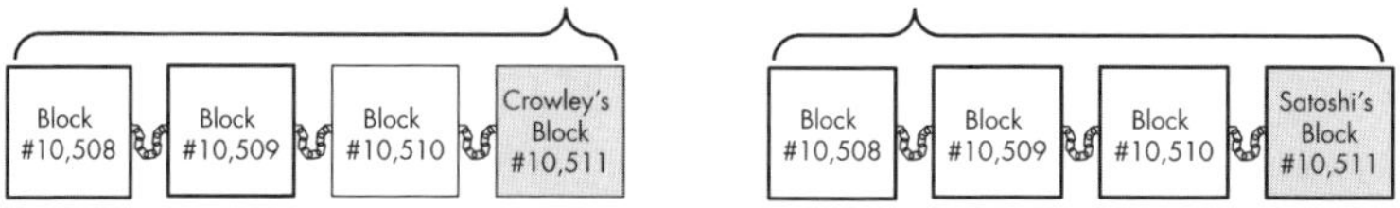

곧 네트워크는 블록체인이 둘로 나뉘었다는 걸 순식간에 알아차립니다.

대략 9분쯤 지났을 때, 사토시의 블록을 복사해두었던 재닛이 블록을 더할 수 있는 숫자를 찾아내고 자신의 블록을 사토시 것에 더합니다.

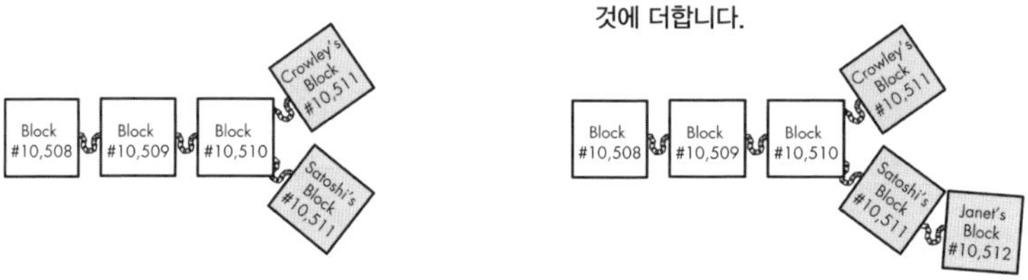

크롤리의 블록은 고립됩니다. 크롤리는 블록을 더하고 얻는 상금을 받지 못하게 되며 그의 블록에 있는 거래는 본래부터 없었던 것처럼 취급됩니다. 반면, 사토시의 블록은 '진짜' 블록체인의 일부가 됩니다. 불쌍한 크롤리! 운이 나빴습니다.

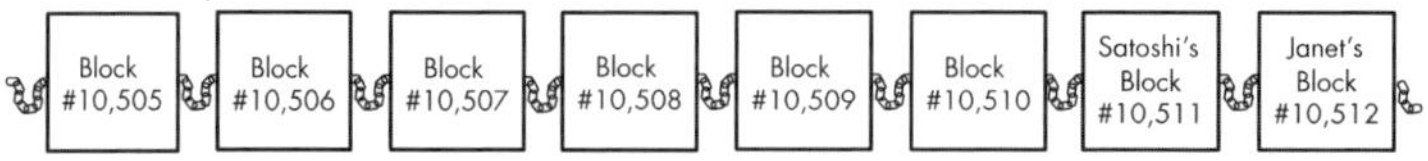

▶ 동시에 승자가 된 비트코인 채굴자 크롤리와 사토시는 각자 블록을 추가하게 됩니다. 그 결과 블록체인은 둘로 나누어집니다. 이 상황은 크롤리가 생성한 블록체인에 블록이 추가되기 전에 사토시가 생성한 버전의 블록체인에 또 다른 블록이 추가돼 사토시가 보상을 받으며 종료됐습니다.

의 블록을 복사하고 다른 쪽은 사토시의 블록을 복사할 때 문제가 발생합니다. 결과적으로 두 블록체인이 서로 맞지 않게 된 것입니다!

블록체인이 두 갈래로 나뉘면 채굴자와 비트코인 지갑 프로그램은 두 버전의 블록체인 중 어떤 것을 사용할지 결정해야 합니다. 이런 경우 두 개의 블록체인 중 또 다른 블록이 먼저 추가된 쪽의 손을 들어주기 마련입니다. 새 블록이 추가된 더 긴 블록체인이 진짜 블록체인으로 간주되며 짧은 쪽은 전체 비트코인 네트워크에서 무시됩니다.

대부분의 사용자는 블록체인이 고립되는 과정을 목격하지 못하며 비트코인 사용에 불편을 겪지 않습니다. 앞의 예에서는 크롤리만 영향을 받았습니다. 먼저 블록을 더하지 못한 크롤리 같은 채굴자는 실망하게 될 겁니다. 그러나 채굴자들은 이런 일이 발생할 수 있다는 것을 잘 인지하고 있습니다.

거래 확인

'거래 확인'은 비트코인에서 보편적인 개념입니다. 비트코인을 수령하는 일부 온라인 판매자는 상품이나 서비스를 제공하기 전에 거래 확인을 요구합니다. 모든 거래는 블록체인의 일부 블록에 존재하게 됩니다. 그 뒤에 있는 블록은 그보다 오래된 것이고 앞에 있는 블록은 그보다 새로운 블록입니다. 블록체인의 끝에서부터 계산한 블록의 위치를 블록 깊이**block depth**라고 합니다. 가장 최근에 추가된 블록 깊이는 1이고 그 바로 뒤에 있는 블록 깊이는 2입니다. 어떤 거래에 대한 거래 확인의 수는 그 거래가 기록된 블록의 깊이와 같습니다. 따라서 블록체인에 아직 추가되지 않은 거래의 경우, 거래 확인 숫자가 0입니다. 거래 내용이 새로운 블록에 추가될 때 첫 거래 확인을 하게 되고, 블록 앞에 블록이 추가될 때 두 번째 거래 확인을 하게 되며, 블록이 추가될 때마다 거래 확인 숫자는 늘어나게 됩니다. 거래 확인의 개념은 이토록 간단합니다. 그렇다면 판매자들이 거래 확인을 요구하는 이유는 무엇일까요?

커피 한 잔을 사는 것과 같은 작은 거래를 할 때, 일반적으로 판매자는 거래 확인을 하지 않습니다. 그저 비트코인으로 값을 지불하고 커피를 들고 가면 됩니다. 비트코인 거래는 돌이킬 수 없기 때문에 판매자는 구매자가 비트코인 보내기를 클릭하면 몇 초 안에 음료수(또는 구매하는 물품)의 대가가 지급됐다는 사실을 알 수 있습니다. 그러나 자동차와 같은 고가 품목을 판매하는 경우에는 거래 확인을 하는 것이 중요해집니다.

많은 계산 자원을 가진 악의적인 사용자(예를 들면 제임스 본드 영화에 나오는 슈퍼 악당)가 본인이 가지고 있는 비트코인을 이중으로 사용하려고 할 수도 있습니다. 이는 비트코인을 받는 사람이 다른 누군가에게 전송된 비트코인을 수락하게 하려는 속임수입니다. 여기서 다른 누군가는 슈퍼 악당이 관리하는 또 다른 비트코인 주소일 수 있습니다. 비트코인 네트워크가 동일한 비트코인을 서로 다른 두 주소로 전송하려는 것을 감지하면 대개 먼저 수신한 거래 내역을 받아들이고 두 번째 거래는 무시하게 됩니다. 이때 이 두 번의 거래는 서로 상충되기에 두 거래 모두 블록에 추가되지 않습니다. 슈퍼 악당의 의도는 판매자가 자동차와 같은 큰 물품을 악당에게 보내지만 실제로 판매자에게 전송된 거래가 무시당하여 블록체인에 추가되지 않도록 하는 것입니다.

다행히 많은 판매자가 특별한 모니터링 소프트웨어를 사용하여 두 개의 상충되는 비트코인 거래가 동시에 공표되는 시점을 인식할 수 있기 때문에 이런 악의적인 계획은 보통 성공하지 못합니다. 판매자가 이러한 종류의 지불 사기를 예방할 수 있는 간단한 방법은 차량을 구매자에게 인도하기 전에 거래가 한 번 이상 확인될 때까지 10분을 기다리는 것입니다. 그러나 슈퍼 악당이 수백만 달러의 컴퓨터 하드웨어와 같은 정말 특별한 컴퓨터 자원을 보유하고 있다면 비트코인 네트워크에서 블록체인의 최신 블록을 고립되게 하여 단일 거래 내역을 확인하지 못 하게 방해할 수 있습니다. 그래서 만에 하나 이런 일이 발생하는 것을 막기 위해 고가의 상품을 판매하는 판매자는 구매자에게 키를 넘겨주기 전에 두 번의 거래 확인을 기다립니다. 일반적으로 거래되는 품목의 가치가 높을수록 거래가 완료되기 전 판매자가 요구할 수 있는 거래 확인의 숫자가 많아집니다. 악의적인 악당이 해당 비트코인을 두 배 사용하는 데 드는 비용은 각 거래 확인 숫자에 기하급수적으로 비례하며 증가합니다.

이제 비트코인 블록체인의 기본 기능과 개념을 파악했으니 비트코인에서 가장 신비한 부분인 채굴에 대해 알아보겠습니다.

비트코인 채굴

거래 내역들을 수집하여 블록 형태로 블록체인에 추가하는 경쟁 프로세스를 왜 채굴이라고 할까요? 이 용어는 비트코인이 초기에 분배됐던 방법에서 파생했습니다. 비트코인의 총공급량은 2,100만 개인데 이 물량은 시간의 흐름에 따라 천천히 유통됩니다. 초기 비트코인 공급량은 0이었습니다. 비트코인 채굴자는 다른 사람의 거래를 처리해주고 이에 대한 보상을 새로 발행된 비트코인으로 받기 때문에 시중에 유통되는 총공급량은 증가합니다. 이러한 맥락에서 비트코인 채굴은 고정된 양의 금을 오랜 시간 천천히 파내는 금 채굴과 유사하다고 볼 수 있습니다.

앞서 언급했듯이, 채굴자들은 새로 생성된 비트코인을 얻기 위해 무작위로 숫자를 조합하여 특정 승리 번호winning number를 찾아야 합니다. 빠른 컴퓨터를 사용하면 이러한 난수를 보다 신속하게 생성할 수 있기 때문에 채굴자는 점점 더 성능이 좋은 컴퓨터로 비트코인을 채굴하려고 합니다. 비트코인 초창기에는 개인용 컴퓨터로도 난수를 생성할 수 있었지만 곧 사람들은 비트코인 채굴용으로 설계된 특수 목적 컴퓨터를 사용하기 시작했습니다. 오늘날 비트코인 채굴업은 상당한 자본, 전문 기술, 약간의 전기를 필요로 합니다. 비트코인 채굴업의 진화는 금광 산업과 많이 닮았습니다. 한때 강바닥에서 넓은 접시를 활용해서 금을 채굴했지만 현대의 금 채굴은 비싼 드릴을 가진 대기업이 수행하는 식이죠.

채굴 보상은 두 가지 방법으로 이루어집니다. 첫 번째는 거래 수수료입니다. 비트코인을 다른 사람에게 보내면 소액의 비트코인이 거래 수수료로 추가됩니다. 엄밀히 말하자면 거래 수수료는 자발적으로 지불하는 것입니다. 그러나 채굴자는 수수료가 부과되지 않는 거래를 무시할 수 있습니다. 거래 수수료는 보통 50센트에서 1달러 사이이며, 당첨된 채굴자가 블록체인에 새로운 블록을 추가할 때 받게 되는 보상의 일부입니다. 블록은 수백 또는 수천 개 거래의 집합이기 때문에 채굴자의 보상은 새 블록의 모든 거래 수수료를 합한 것과 같습니다.

두 번째는 새로 생성된 일정한 개수의 비트코인입니다. 보상으로 제공되는 새로 생성된 비트코인의 수는 시간이 지날수록 점차 감소합니다.

10분에 1블록씩 4년에 걸쳐 만들어진 첫 21만 개의 블록들은 블록당 50개의 새로 생성된 비트코인을 채굴자들에게 제공했습니다. 그다음 21만 블록(21만 1부터 42만까지)은 블록당 25개의 새롭게 생성된 비트코인을 채굴자에게 보상으로 줬고, 그 이후에는 보상이 12.5, 6.725로 점점 적어졌습니다. 채굴이 새로운 비트코인을 얻을 수 있는 유일한 방법이기 때문에 최종적으로 2,100만 비트코인만 비트코인 네트워크를 순환하게 됩니다.

새로 발행하는 비트코인의 수는 4년마다 기존 블록의 절반으로 떨어지지만 비트코인 사용자 기반이 커짐에 따라 블록당 거래 수수료는 계속 증가할 것입니다. 결국 사용자 거래 수수료는 새로 발행된 비트코인의 보상보다 커지게 될 것이고, 이 시점부터 비트코인 네트워크는 전적으로 거래 수수료로 유지됩니다.

젠장! 내 돈이 다 어디로 간 거야?
비트코인 지갑은 대체로 안전하게 작동합니다. 하지만 당신이 다음과 같이 행동한다면 자금을 모두 잃을 수도 있습니다.
절대 하지 말아야 할 일:
1단계
우와! 내가 첫 비트코인 지갑을 만들었어!
2단계
이게 내 비트코인 주소야! 이 주소랑 개인 키를 적어둬야겠다.
3단계
잠깐, 이제 내 개인 자금을 내가 관리할 수 있으니까…… 가지고 있는 현금을 전부 거래소로 보내서 환전한 다음 내 비트코인 지갑으로 보내야겠다!
4단계
이거 대단한데! 비트코인 지갑에 있는 돈으로 알파카 양말이나 사야겠다.

도대체 무엇이 잘못된 걸까요?

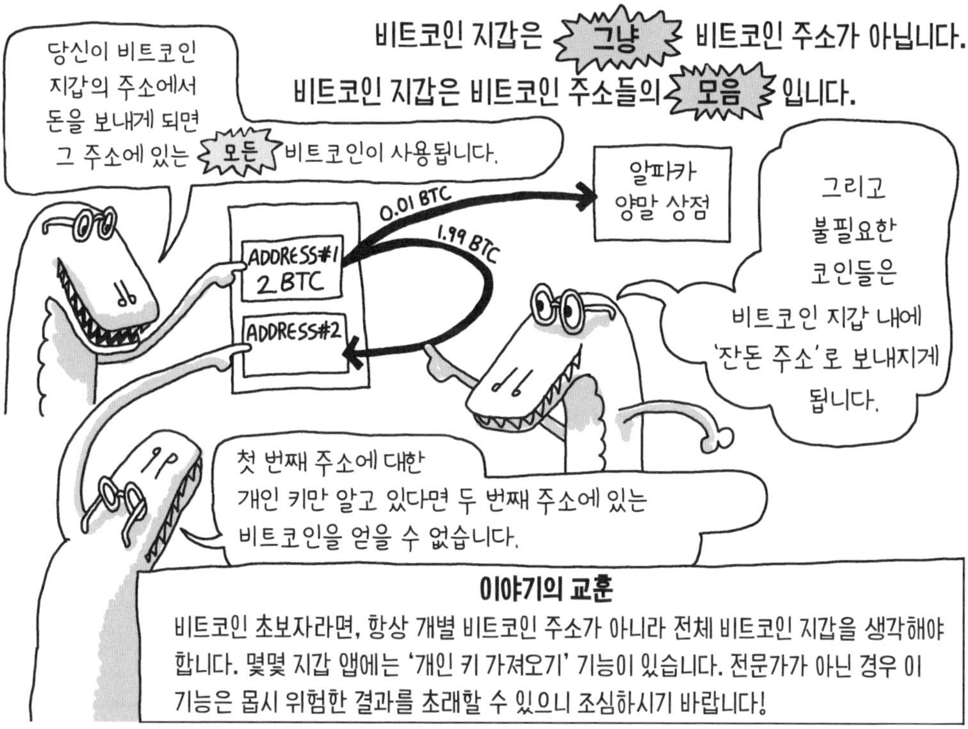

4장

비트코인 저장

안타깝게도 비트코인 손실을 완벽하게 막을 수는 없습니다. 하지만 비트코인을 제대로 사용하기만 한다면 다른 그 어떤 금융 자산보다 안전하게 많은 양의 돈을 저장할 수 있습니다. 잘못 저장된 비트코인은 컴퓨터 또는 하드 드라이브의 고장을 비롯한 기술적 오류나 일상적인 재해로 연결될 수 있으며 도둑들의 표적이 될 수도 있습니다. 그러므로 많은 양의 비트코인을 구입하기 전에 올바른 저장 방법을 미리 숙지해야 합니다.

4장에서는 비트코인을 저장하는 다양한 방법과 여러 사용 사례에 대해 설명합니다. 저장 방법에는 저마다 다른 다양한 이점이 있습니다. 어떤 저장 방법은 다른 방법보다 더 안전하거나 편리할 것입니다. 이 장에서 설명하는 방법과 개념에 익숙해지면 원하는 만큼의 비트코인을 원하는 대로 처리할 수 있습니다.

1880년
저금
쓸 돈
1980년
저금
쓸 돈
ATM
MAX HEADROOM
2020년
비트코인 전용
pc에 저금
쓸 돈

개인 키 저장하는 법

당신의 비트코인은 어디에 저장돼 있는 걸까요? 이는 생각보다 까다로운 질문입니다. 당신의 계좌에 있는 비트코인은 블록체인에 기록되고, 비트코인에 접근하려면 개인 키가 있어야 합니다. 개인 키와 달리 블록체인은 여러 곳에 분산 저장되는데, 비트코인을 이용하려면 이 두 가지가 모두 필요합니다. 그렇기 때문에 비트코인이 저장된 정확한 위치를 단번에 대답하는 건 어려운 일입니다. 그러나 수백만 개의 블록체인 사본이 전 세계에 배포됐으며, 블록체인의 모든 복사본이 지워지는 재해는 발생할 수 없기 때문에 비트코인이 어떻게 또는 어디에 저장되는지에 대해 걱정할 필요는 없습니다. 그보다는 개인 키에 집중해야 합니다. 키를 저장하는 곳에 비트코인이 존재한다고 볼 수 있습니다. 다시 말하면 비트코인을 저장한다는 것은 개인 키를 저장한다는 의미입니다. 비트코인 주소와 개인 키들의 모음인 비트코인 지갑을 사용하는 경우, 비트코인은 해당 모음들이 담긴 컴퓨터, 전화, 휴대용 USB 드라이브 등에 저장됩니다.

이 장에서는 우발적인 분실과 도난을 방지할 수 있는 개인 키(또는 개인 키들의 모음) 저장법에 관해서도 다룰 것입니다. 비트코인은 사용자 스스로 은행의 역할을 하도록 시스템이 갖춰져 있습니다. 그러나 자신이 은행의 역할을 수행하는 데에는 큰 책임이 따르며 보안 예방 조치도 직접 취해야 합니다. 혹은 제3의 서비스 공급자를 본인의 비트코인 은행으로 선정하는 방안도 있습니다. 보안에 대해 염려하지 않아도 되는 경우입니다. 대신 당신이 이 서비스 제공 업체를 신뢰할 수 있어야 합니다. 다행히 비트코인을 안전하게 저장하는 것은 초보자에게도 어렵지 않은 일입니다.

고온 저장 vs. 저온 저장

비트코인 저장 방법은 개인 키가 인터넷 연결 장치에 저장되는지의 여부에 따라 '고온 저장hot storage'과 '저온 저장cold storage'으로 나뉩니다. 고온 저장은 온라인에 접속된 장치나 컴퓨터에 개인 키를 저장하는 것을 말합니다. 그와 달리 저온 저장은 인터넷을 통해 접근할 수 없는 곳에 개인 키를 저장하는 것을 뜻합니다.

오프라인 컴퓨터를 사용하여 비트코인 주소와 해당 개인 키를 생성하면 그 주소로 전송된 모든 비트코인은 저온 저장소에 보관됩니다. 그렇다면 오프라인 컴퓨터에서 생성된 주소로 어떻게 다른 사람들이 비트코인을 보낼 수 있는 걸까요? 그냥 주소를 알려주기만 하면 됩니다! 저온 저장소에서 생성된 공개 비트코인 주소를 복사하여 웹사이트에 게시하거나 다른 사람에게 전자 메일로 보내야 합니다. 이 경우 개인 키는 처음 키를 생성했던 오프라인 컴퓨터에만 존재하며 기밀로 유지됩니다.

비트코인을 전송할 때 개인 키와 인터넷을 연결해야 한다는 점에서 핫월렛hot wallet이 더 편리합니다. 그러나 저온 저장 방법은 비트코인을 더 안전하게 저장할 수 있다는 장점이 있습니다. 개인 키가 한 번이라도 인터넷에 노출됐다면, 노출되지 않은 것과 동일하게 보호되고 있다고 가정하기는 어렵습니다.

어떤 기업들은 고객의 비트코인을 저온 저장 방법으로 보관한다며 보안 기능을 광고합니다. 이렇게 저장된 비트코인은 핫월렛으로 편리하게 자동 전환된다고 주장하기도 합니다. 이는 좋지 않은 신호입니다. 콜드월렛에서 핫월렛으로 비트코인을 이체하는 자동화 절차가 있다면, 대부분의 비트코인은 저온 저장 방법으로 보관되지 않았을 것이기 때문입니다. 저온 저장소를 사용하려면 오프라인 컴퓨터에 사람이 직접 접근하여 각각의 비트코인 거래를 수동으로 승인해야 합니다. 이 작업을 수행하는 방법에 대해서는 '대량의 비트코인 저장하기'에서 더 자세히 살펴보겠습니다.

개인 지갑 vs. 호스팅 지갑

많은 회사에서 비트코인 지갑 서비스와 프로그램을 제공하여 비트코인을 저장할 수 있도록 도와줍니다. 비트코인 초보자들은 회사가 제공한 것이 개인 지갑인지 호스팅 지갑인지 명확하게 알지 못할 수도 있습니다. 개인 지갑을 사용하면 계좌 명의인만 개인 키를 알 수 있습니다. 소프트웨어를 만든 회사가 비트코인을 제어하지 않는 것입니다. 호스팅 지갑을 사용하면 제3자가 계좌의 개인 키를 관리하며 계좌 명의인에게는 개인 키를 공개하지 않습니다. 회사는 사용자를 대신하여 비트코인을 보내고, 받고, 저장하는 걸 돕습니다. 이는 금고에 현금을 저장해주고 그 금고를 여는 열쇠는 자신들이 보관하는 전통적인 은행의 방식과 유사합니다. 일부 회사는 소프트웨어를 서비스로 제공합니다. 그들은 서버에서 지갑 소프트웨어를 제어하지만 개인 키는 관리하지 않습니다. 사용자는 회사와 공유하지 않는 개인 키로 로그인하여 비트코인을 주고받을 수 있으며 비트코인 거래를 모니터링할 수 있습니다. 이러한 서비스에서는 개인 키들이 호스팅되지 않기 때문에 '온라인 개인 지갑'이라고 합니다.

두 지갑 유형은 사용자 인터페이스가 비슷한 방식으로 작동하는 것처럼 보일 수도 있지만, 한 종류의 지갑 대신 다른 지갑을 사용할 경우 그 파급효과는 상당히 다릅니다. 특히 비트코인을 도난당한 경우, 두 지갑의 차이점이 두드러집니다. 이때 누구에게 책임이 있는지에 대한 문제는 누가 개인 키에 접근 가능했는지에 따라 결정될 수 있기 때문입니다. 보유하고 있는 비트코인 지갑의 안전성이 의심된다면 우선, 당신에게 개인 키에 대한 접근 권한이 있는지 확인해보십시오.

TIP 동일한 비트코인을 제어하기 위해 여러 개인 키를 사용하면 책임 구분이 흐려질 수 있습니다. 일부 온라인 서비스에서는 비트코인을 사용하기 위해 두 개의 개인 키가 필요하며, 그중 하나는 회사가 보유하고 다른 하나는 고객이 가지고 있습니다. 이러한 경우 책임 소재를 가리는 것이 더 까다로울 수 있습니다. 비트코인을 저장할 때는 여러 개의 개인 키를 사용하는 것이 좋습니다.

호스팅 지갑은 사용자에게 친숙하고, 비트코인을 저장할 때 보안에 대해 염려할 필요가 없다는 장점이 있습니다. 호스팅 회사는 악의적으로 당신의 비트코인을 가지고 잠적하지 않으며 도둑이 비트코인을 훔치도록 내버려두지 않는다는 신뢰를 줄 수 있어야 합니다. 정부나 사법 당국이 호스팅 회사에게 당신의 비트코인을 넘겨달라고 요청할 수 있다는 점도 고려해야 합니다. 당신이 이를 거부하더라도 회사는 사법 당국의 요청을 들어줄 수밖에 없을 수도 있습니다.

이번 장에서는 호스팅 지갑보다는 개인 지갑에 초점을 맞추려고 합니다. 그러나 호스팅 지갑을 사용하는 경우에도 이 장에서 유익한 정보를 얻을 수 있을 것입니다. 특히 어떤 호스팅 서비스 공급자를 선택할지에 대해 결정적인 도움을 받을 수 있을 것입니다.

안전, 보안, 편의성

비트코인 저장 방법을 결정할 때는 다음의 세 가지 요소를 고려해야 합니다.

1. 안전: 우발적 비트코인 손실 방지 기능
2. 보안: 비트코인 도난 방지 기능
3. 편의: 비트코인을 쉽고 빠르게 사용하는 기능

때로는 세 요소들이 서로 상충하기도 합니다. 비트코인을 더 편리하게 사용하려고 채택한 방법이 비트코인을 더 쉽게 도난당하게 할 수도 있습니다. 마찬가지로 개인 키의 사본을 많이 만들어서 친구나 가족에게 전달한다면, 개인 키 분실로 인한 손실을 막는 데 좋은 대안이 되겠지만, 악의를 가진 누군가의 손에 개인 키가 들어갈 가능성도 커집니다. 물론 세 가지 요소가 균형을 이루는 저장 방법도 있기는 하지만, 모두 안정적으로 갖춘 저장 방법은 여전히 혁신의 영역입니다('비트코인 하드웨어 지갑' 참조).

사람들은 대부분 두 가지 저장 방법 중 하나를 사용합니다. 하나는 소량의 비트코인을 편리하게 저장할 수 있지만 상대적으로 덜 안전한 저장 방법이고, 다른 하나는 많은 양의 비트코인을 덜 편리한 방법으로 아주 안전하게 저장하는 것입니다. 암호학자 크롤리가 4장 시작 부분 만화에서 보여주었듯, 이는 현금을 주머니에 조금 가지고 다니며 대부분의 돈은 은행 계좌에 보관하는 방법과 유사합니다. 다음은 저장 방법들을 두 가지 범주로 나눈 것입니다.

· 편리하고 사용하기 쉬우며 합리적으로 소량의 비트코인을 안전하게 보관하는 방법
· 편리하지 않지만 대량의 비트코인을 아주 안전하고 보안성 높게 장기간 보관하는 방법

소량의 비트코인 저장하기

비트코인을 편리하게 저장하는 방법은 많지만 모두 근본적으로 동일한 약점을 가지고 있습니다. 비트코인을 노리는 노련한 공격자가 여러 겹의 보안 계층에 침투하여 원격 위치에서 여러분의 비트코인에 접근할 수 있다는 것입니다. 이는 기존 온라인 은행 거래에서 일어나는 사건들과 큰 차이가 없습니다.

해커들은 반대편 도시에 있거나 아예 다른 국가에 있더라도 타인의 신원을 훔쳐서 로그인 자격 증명을 해독하고 이를 바탕으로 은행 계좌에서 돈을 빼낼 수 있습니다. 예를 들어 여러분이 노트북을 사용하여 온라인 은행 계좌에 접근할 경우, 키 로거key logger와 같은 악성 프로그램이 여러분의 키보드 타자를 모니터링해서 비밀번호를 알아낼 수 있습니다. 보통 은행은 엄격한 일일 인출 한도나 사기성 접근의 영향을 완화할 수 있는 조치를 시행함으로써 약점을 보완합니다. 비트코인을 사용할 때 공격을 방지하는 최상의 방법은 당신이 가지고 있는 대부분의 자금을 원격으로 접근할 수 없는 저온 저장소에 보관하고 일일 지출금은 이보다 편리한 방법으로 저장하는 것입니다.

다음은 소량의 비트코인을 송수신하는 방법 중 신뢰할 수 있으며 사용하기도 쉬운 세 가지 방법입니다.

- 온라인 호스팅 지갑
- 온라인 개인 지갑
- 개인용 핫월렛

온라인 호스팅 지갑

이 장의 앞부분에서 간략하게 설명한 것처럼 온라인 호스팅 서비스는 사용하기 쉽기 때문에 사용자는 비트코인의 구체적인 작동에 대해 파악할 필요가 없습니다. 소프트웨어 설치도 필요하지 않습니다. 사용자는 웹사이트에서 자신의 지갑에 로그인하기만 하면 됩니다. 온라인으로 호스팅되는 지갑은 기존의 금융 서비스처럼 작동하기 때문에 사용 방법이 생소하지는 않습니다. 은행 계좌를 개설하면 사용자 대신 서비스가 돈을 처리하고 모든 송금, 예금, 청구서 지불 및 보안 조치를 진행합니다. 비트코인 호스팅 지갑도 마찬가지입니다. 이 경우 개인 키에 대한 접근 권한이 사용자에게 없으므로 엄밀히 말해 사용자가 비트코인을 직접 소유하고 있는 것은 아닙니다. 그렇기 때문에 지갑 서비스 제공자가 파산하게 되면 사용자는 비트코인을 잃을 수 있습니다.

많은 공급 업체가 수백 또는 수천 명의 사람을 대신해 비트코인을 보유하고 있으며 보안에 상당한 투자를 하고 있습니다. 그러나 서비스 제공업체가 저장 방법과 관련된 세부 사항을 밝히지 않는다면, 해당 업체가 충분히 안전한지 확실하게 판단하기 어렵습니다. 따라서 사용자는 주의를 기울여야 합니다. 사용자 이름과 간단한 암호만으로도 호스팅 지갑에 접근할 수 있다면 서비스를 공급하는 업체가 온라인 공격에 취약할지도 모른다는 뜻입니다. 즉, 당신이 비트코인에 쉽게 접근할 수 있다면 도둑들의 입장도 마찬가지라는 것입니다. 미국 기업 코인베이스Coinbase와 같은 고품질 지갑 서비스 공급자는 사용자가 이중 인증 시스템two-factor authentication을 사용해서 비트코인에 접근하도록 합니다. 이중 인증을 하려면 사용자 이름과 암호 외에도 휴대폰처럼 다른 보조 장치가 필요합니다.

안타깝게도 비트코인의 역사는 아직 짧기 때문에 어떤 호스팅 지갑 공급자도 오랜 기간 사고 없이 비트코인을 저장했다고 주장하기 어려운 처지입니다. 따라서 현재로서는 지나치게 많은 비트코인을 제3자에게 맡기지 않는 것을 추천합니다. 또한 호스팅 지갑은 서비스 제공자가 당신이 누구인지와 보유하고 있는 비트코인의 수, 모든 수신 및 발신 거래 내역을 알고 있고, 개인 정보를 최소한으로 보호하는 경향이 있다는 점에서 개인 정보를 완벽하게 보호받기는 어렵다고 볼 수 있습니다.

온라인 개인 지갑

Blockchain.info[6]에서 제공하는 '마이월렛My Wallet' 서비스와 같은 온라인 개인 지갑들은 호스팅 지갑과 비슷한 기능을 제공하지만 중요한 차이가 있습니다. 사용자의 개인 키를 모른다는 점입니다. 온라인 개인 지갑은 웹사이트가 멀리 떨어진 웹 서버와 온라인으로 연결되어 있지 않은 로컬 장치에 의해 작동되고 당신이 입력한 비밀번호를 바탕으로 개인 키를 생성합니다. 누군가에게 비트코인을 보낼 때마다 서명된 거래 내용이 웹 서버로 전송되지만 사용자의 암호(사용자의 개인 키)는 절대 장치를 떠나지 않습니다. 한마디로 서비스가 사용자의 자금을 훔칠 수 없는 구조입니다. 또한 회사가 파산하거나 사라지면 일시적으로 불편을 겪을 수는 있지만 사용자가 소유한 비트코인은 손실되지 않습니다.

온라인 개인 지갑은 호스팅 지갑만큼 사용하기 쉽지만 사용자에게 훨씬 더 큰 책임감을 요구합니다. 호스팅 지갑처럼 사용자 이름과 암호를 사용하여 온라인에서 개인 지갑에 접근할 수 있으나 암호를 잊어버렸을 때 구제 방법이 없습니다. 서비스 제공 업체는 사용자의 암호를 모르기 때문에 암호를 복구하는 데 도움을 줄 수 없는 것입니다. 온라인 개인 지갑 서비스가 어떻게 구현되느냐에 따라 암호는 복구될 수 있지만, 비트코인을 사용하는 데 필요한 다른 중요한 정보는 복구되지 않을 수 있습니다. 만약 서비스 제공 업체가 비트코인을 사용할 때 필요한 모든 정보를 복구할 수 있다면, 그것은 사실상 호스팅 지갑으로 운영되고 있는 것이며, 그 회사에 돈을 위탁하고 있다고 볼 수 있습니다. 따라서 온라인 개인 지갑을 사용하는 경우 여러 안전한 장소에 암호를 적어 보관하길 바랍니다!

온라인 개인 지갑은 호스팅 지갑보다 훨씬 더 적은 양의 개인 정보를 요구합니다. 계정을 등록하기 위한 개인 식별 정보가 필요하지 않으면 그보다 더 적은 개인 정보로도 이용이 가능합니다. 그러나 서비스 제공 업체가 법 집행 기관에서 요청할 수 있는 사용 패턴 및 기타 데이터들을 저장하고 추적할 수 있다는 점을 사용자는 인지하고 있어야 합니다.

개인용 핫월렛

3장에서 잠깐 언급했던 일렉트럼 지갑처럼 개인용 핫월렛**Personal Hot Wallet**은 기기에서 작동하는 소프트웨어 프로그램입니다. 개인용 핫월렛을 사용하는 데 제3자가 필요하지 않기 때문에 이 방식은 비트코인이 추구하는 탈중앙화를 실행한다고 볼 수 있습니다. 이러한 프로그램들은 비트코인에 대한 완전한 통제와 편리함을 동시에 제공합니다. 하지만 온라인 서비스를 사용하는 것보다 사용자 개인에게 더 큰 책임이 따릅니다. 개인 키는 인터넷에 연결되어 비트코인 네트워크와 통신하는 기기에도 저장됩니다. 따라서 핫월렛 사용자는 멀웨어, 바이러스, 해킹 시도를 통한 도난에 경계심을 늦춰서는 안 됩니다.

비트코인을 도난당하는 일이 여러분에게도 일어날까요? 온라인 핫월렛에 많은 양의 비트코인이 저장돼 있으며, 이에 대한 정보가 다른 사람에게 공개된 경우에 해커의 표적이 될 수 있습니다. 다음의 두 가지 조건이 갖춰져서는 안 됩니다! 개인용 핫월렛을 사용하는 것은 실제 지갑을 가지고 다니는 것과 같습니다. 지갑에 너무 많은 현금을 가지고 다니거나 다른 사람의 시선을 끌 정도로 지갑을 흔들고 다녀서는 안 됩니다.

실제 지갑과 마찬가지로 핫월렛도 잃어버릴 수 있습니다. 만약 개인 키를 컴퓨터에 저장하고 있다면, 컴퓨터를 잃어버리거나 도난당하거나 컴퓨터가 고장이 날 수 있다는 사실을 명심하길 바랍니다. 그러한 일이 발생하기 전에 당신의 핫월렛에 저장되어 있는 비트코인이 컴퓨터보다 더 값어치가 있을 수도 있다는 사실을 기억하세요! 실제 지갑과는 달리 비트코인 지갑은 백업이 가능합니다. 더불어 백업한 지갑을 어디에 보관할지에 대해서도 신경을 써야 합니다. 예를 들면 클라우드에 저장하는 것은 피하는 편이 좋습니다.

대량의 비트코인 저장하기

저온 저장 방법을 사용하려면 인터넷을 통하지 않고도 정보에 접근할 수 있어야 합니다. 아래의 다섯 가지 저장 방법은 도난 위험을 크게 줄여 줍니다.

- 종이 지갑
- 암호화된 종이 지갑
- 오프라인 거래 서명
- 분할 개인 키fragmented private keys
- 다중 서명 주소multi-signature addresses

이 방법들을 사용하면 해킹에 대한 걱정을 덜 수 있습니다. 이러한 방법의 대부분은 오랜 시간 동안 많은 양의 비트코인을 안전하게 보관하는 데 적합합니다. 그러나 많은 양의 비트코인을 저장하는 경우 보안 전문가로부터 저장 방법에 대해 자문을 구하는 편이 좋습니다.

인터넷에 접속된 컴퓨터와 소량의 비트코인을 사용하여 위의 다섯 가지 방법들을 안전하게 시도해볼 수 있습니다. 이 중 익숙해진 특정 저장 방법으로 많은 양의 비트코인을 저장하기 위해서는 전용 오프라인 컴퓨터(이 방식을 추천)나 적어도 잠시 오프라인 상태로 설정할 수 있는 컴퓨터가 필요합니다.

저온 저장 방법을 평가할 때는 http://bitaddress.org/의 오픈 소스 비트코인 지갑 생성기를 사용할 수 있습니다.

TIP http://bitaddress.org/에서 전체 웹사이트를 다운로드하고 인터넷 연결을 끊은 후에 컴퓨터에서 실행할 수 있습니다.

처음 웹사이트에 접속하면 문자 및 숫자 상자 위로 커서를 임의로 이동하여 비트코인 주소를 만드는 데 사용되는 난수를 생성해야 합니다. 이러한 웹사이트를 이용하는 이유는 (엄격한 규칙을 따르는) 대부분의 컴퓨터에서는 우연한 방법으로 난수를 생성하기가 매우 어렵기 때문입니다. 비트코인을 안전하게 저장하기 위해서는 높은 품질의 난수를 생성하는 것이 대단히 중요합니다.

종이 지갑

아마 종이 지갑은 가장 간단하고 대중적인 저온 저장 방법 중 하나일 것입니다. 이 방법은 오프라인 컴퓨터에서 비트코인 주소와 개인 키를 생성한 다음, 두 정보를 모두 종이에 적고 컴퓨터에는 보관하지 않는 방법입니다. 사용자는 정보를 적은 종이를 파일 캐비닛, 개인 금고, 은행의 안전 금고에 저장할 수 있습니다. 종잇조각을 안전하게 저장한 상태에서 비트코인 주소로 비트코인을 계속 보내고 보관할 수 있습니다. 저장된 비트코인을 사용할 때가 되면 대부분의 비트코인 지갑 프로그램에 포함된 '개인 키 가져오기' 또는 '종이 지갑 가져오기' 기능을 사용하면 됩니다. 이 기능을 사용한 시점에 당신의 비트코인은 이미 저온 저장소를 떠났을 겁니다.

저장된 비트코인 중 일부만 사용하고 나머지는 지갑에 보관하려면 개인 키를 핫월렛에 가져온 후, 나머지 비트코인을 즉시 새 종이 지갑에 보관해야 합니다. 종이 지갑은 일회용이므로 오래된 종이 지갑에서 비트코인을 가져오기 전에 미리 새로운 종이 지갑을 준비해야 합니다.

종이 개인 키를 안전한 장소에 보관한다면, 다량의 비트코인을 안정적으로 무기한 저장할 수 있습니다. 그러나 홍수 및 화재와 같은 물리적 위험들을 경계해야 합니다. 또한 개인 키를 복사하거나 사진을 찍거나 다른 복제 방법에 노출시켜서는 안 됩니다. 종이 지갑이 손상될 수 있기 때문입니다. 특히 일부 사무용 복사기가 복사하는 모든 문서를 기록하기도 한다는 점을 명심하길 바랍니다. 종이 지갑 복제본을 만드는 가장 안전한 방법은 몇 개의 사본을 손으로 작성한 뒤 그 복사본을 보관하는 것입니다.

암호화된 종이 지갑

암호화된 종이 지갑은 종이 지갑의 보안성을 강화하기 위해 고안됐습니다. 종이에 개인 키를 적지 않고 암호화된 버전을 기록한다는 점이 큰 특징입니다. 개인 키를 풀기 위해서는 사용자가 선택한 암호가 있어야 하므로 도둑이 사용자의 개인 키와 비트코인에 접근하는 것을 막을 수 있습니다.

이때 사용할 수 있는 암호화 체계는 수백 가지가 넘지만 가장 보편적인 방식은 BIP38 암호화입니다.

TIP 비트코인 개발자 커뮤니티는 비트코인 개선 제안서 **Bitcoin Improvement Proposals, BIP** 기능의 희망 목록 **wish list** 을 유지하고 보수합니다. 이 암호화 표준은 목록 중 #38입니다. 이와 유사하게 구현된 기능들은 종종 이처럼 BIP 번호로 불립니다.

BIP38로 암호화된 종이 지갑을 만들려면 암호 문구를 선택한 다음, 암호화된 개인 키로 비트코인 주소를 생성해야 합니다. http://bitaddress.

org/로 이동하여 무작위 데이터를 생성하고 '종이 지갑Paper Wallet' 탭이 나타날 때까지 마우스를 앞뒤로 흔드십시오. 이때 개인 키는 일반 개인 키처럼 숫자 5로 시작하지 않고 숫자 6으로 시작해야 합니다.

TIP 컴퓨터 과학에서 암호는 대개 두 가지 기능 중 하나를 이행합니다. 사용자에게 암호를 요청하여 사용자를 인증하는 데 사용되거나 데이터를 암호화하는 데 사용됩니다. 그리 좋은 생각은 아니지만, 인증을 위해서는 짧은 길이의 암호를 설정해도 괜찮습니다. 그러나 데이터 암호화에 사용되는 암호는 항상 길어야 합니다. 암호가 40자보다 짧으면 쉽게 해독할 수 있기 때문입니다. 그래서 암호를 데이터 암호화에 사용할 경우, 암호password라고 하지 않고 암호 문구passphrases라고 부르는 것이 일반적입니다.

만약 암호 문구를 잊어버리면 사용자는 비트코인에 영구적으로 접근할 수 없게 됩니다. 이 사실을 깊이 유의하시기 바랍니다. 암호 문구를 종이 지갑이 아닌 곳에 보관하는 것이 좋습니다. 일반 종이 지갑을 사용할 때처럼 홍수, 화재, 도난으로부터 지갑을 보호하기 위해 암호화된 종이 지갑의 백업 복사본을 만드십시오. 더 완벽한 안전성을 위해 지갑이 안전하지 않다고 항상 가정하십시오. 암호화된 종이 지갑을 도난당한 경우 사본을 사용하여 비트코인을 최신 지갑으로 가져온 다음, 새로운 암호화된 지갑에 보관하시기 바랍니다. 이 과정을 거치면 도둑이 암호 문구를 알아내기 전에 당신이 비트코인을 다른 주소로 이동시킬 수 있을 것입니다.

오프라인 거래 서명

오프라인 거래 서명은 비트코인 사업체나 대량의 비트코인을 정기적으로 처리하는 고급 사용자를 위한 기본적인 보안 방법입니다. 이를 활용하려면 두 대의 컴퓨터가 필요합니다. 한 컴퓨터에는 일렉트럼처럼 작동하는 개인용 핫월렛이 있되 개인 키는 없어야 합니다. 이때 비트코인 보내기를 클릭하면 개인 키가 포함돼 있고 인터넷에 연결돼 있지 않은 두 번째 컴퓨터에 추가 승인 단계를 수행하라는 메시지가 표시됩니다. 이 두 번째 오프라인 컴퓨터에는 비트코인 지갑 프로그램이 설치돼 있으며, 거래를 승인하거나 디지털 서명을 실행하는 작업만 수행할 수 있습니다. 오프라인 컴퓨터를 사용하여 디지털 서명된 거래 내용이 포함된 파일을 만든 다음 온라인 컴퓨터로 복사하고 비트코인 네트워크로 전송합니다.

온라인 컴퓨터는 절대로 개인 키를 확인하지 않습니다. 오프라인 거래 서명은 인증 권한이 없는 금융 관리자가 우편으로 수표를 보내기 전에 인증된 사람으로부터 서명을 받는 것과 비슷합니다. 이 방법은 매우 안전하고 대량의 비트코인을 저장하는 데 적합하지만 하루에 많은 거래를 수행하는 경우에는 이러한 과정이 번거롭게 여겨질 수도 있습니다. 이 방법의 잠재적인 위험 중 하나는 오프라인 컴퓨터에 저장된 개인 키를 잃어버릴 수 있다는 것입니다. 따라서 안전한 장기 저장을 위해서는 개인 키를 백업해서 보관해야 합니다. 오프라인 컴퓨터를 도난당하면 개인 키가 손상될 수 있다는 것도 고려해야 할 사항입니다.

종이 지갑에서 키를 가져오는 것과 비교했을 때, 오프라인 거래 서명의 이점은 비트코인이 저장된 저온 저장소가 고온 저장소로 전환되지 않는다는 것입니다. 저장된 주소에서 비트코인을 지출한 경우에도 당신의 비트코인은 저온 저장소에 그대로 있게 됩니다.

두 대의 컴퓨터가 있다면 일렉트럼 오프라인 거래 서명 기능을 사용할 수 있습니다. 오프라인 거래 서명 기능을 갖춘 또 다른 지갑인 아모리

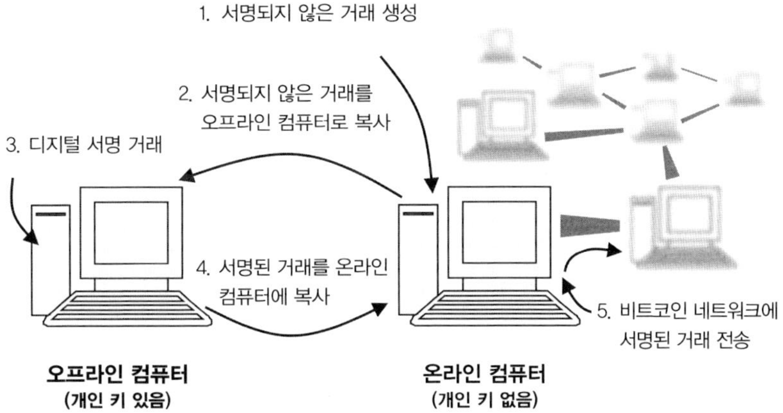

▶ 개인 키를 인터넷에 노출시키지 않고 비트코인 거래를 안전하게 서명하기 위해 오프라인 및 온라인 컴퓨터가 함께 작동하는 원리

Armory Bitcoin Client 7 도 추천합니다. 이 지갑은 오픈 소스이며 보안을 염두에 두고 설계되어 안정성이 높다는 장점이 있습니다. 아모리는 많은 고급 보안 기능을 제공합니다. 높은 수준의 보안이 가능한 비트코인 저장 방법을 원한다면 이 지갑이 도움이 될 것입니다.

분할 개인 키 및 다중 서명 주소

분할 개인 키와 다중 서명 주소는 비트코인을 보내거나 저장하는 데 필요한 정보들을 조각내어 서로 다른 위치에 나눠서 저장합니다. 두 기술 모두 비트코인을 저장할 때, 높은 수준의 보안과 안전을 제공합니다. 기업 수준의 비트코인 보안 전략이기 때문에 큰 규모의 비트코인 관련 사업체(주요 외환 거래소, 비트코인 자산을 가진 헤지펀드 등)에 의해 구현되고 있거나 구현

돼야 합니다. 각 전략을 차례로 살펴보겠습니다.

분할 개인 키

'비밀 공유' 암호화 기법을 사용하면 비트코인 개인 키를 여러 조각으로 나눌 수 있습니다. 이렇게 나뉜 키를 재구성하는 데에는 특정 숫자가 필요합니다. 이를 'm of n' 개인 키라고 부르기도 하는데, 여기서 m과 n은 필요하거나 사용 가능한 수를 나타냅니다. 예를 들어 개인 키는 다섯 개의 조각으로 나뉘지만 세 개로 키를 재구성하여 '5개 중 3개'인 개인 키를 만들 수 있습니다. 일부 숫자만으로는 개인 키에 대한 의미 있는 정보를 얻을 수 없습니다. 이 전략을 사용하는 기업들은 각 조각을 별도의 안전한 장소에 보관할 수 있기 때문에 비트코인을 높은 보안 상태에 저장할 수 있습니다. 한 조각이 손상돼도 사용자의 비트코인은 여전히 안전합니다. 또한 다른 조각들을 사용하여 비트코인을 새 주소로 이동시킬 수도 있습니다. '비밀 공유'에는 여러 가지 암호화 프로토콜이 사용되지만 온라인에서 구현 방법을 오픈 소스로 쉽게 찾을 수 있는 샤미르의 비밀 공유 방식이 가장 인기가 좋습니다.

다중 서명 주소

다중 서명 주소와 분할 개인 키 기술은 모두 높은 수준의 보안을 자랑합니다. 비트코인은 둘 이상의 개인 키가 필요한 주소에 저장됩니다. 업체는 저장된 비트코인을 소비하는 데 필요한 키의 숫자와 실제 존재하는 키의 숫자를 지정할 수 있습니다. 예를 들어 세 개의 키가 지정된다면 거래를 완료하는 데는 두 개의 키로도 충분하다고 결론을 내릴 수 있습니다. 한 사람에게 모든 비트코인의 이동 권한을 위탁하지 않으려는 업체의 경우, 다른 사람에게도 이 키를 배포할 수 있습니다. 비트코인 은행은 어떤 직원(CEO나 사장도)도 독단적으로 고객의 자금을 이동하지 못하게 막고 있습니다. 비트코인 은행의 각 직원은 하나의 비트코인 주소에 해당하는 개인 키를 보유할 수 있습니다. 모든 키는 동일한 비트코인 주소를 위한 것이지만 하나의 키로는 비트코인을 이동시킬 수 없습니다. 은행의 비트코인 주소에서 비트코인 전송을 승인하려면 여러 직원이 각자의 개인 키를 사용하여 거래에 디지털 방식으로 서명해야 합니다. 여러 개인 키와 단일 개인 키의 조각 사이에 한 가지 주요한 차이가 존재합니다. 여러 개인 키를 사용하면 한 사람이 완벽하게 모든 것을 통제할 수 없지만 여러 조각의 단일 개인 키는 개인 키를 구성하기 위해 조각을 결합한 사람이 모든 것을 통제할 수 있습니다. 여러 개의 개인 키를 사용하는 것은 대용량의 비트코인을 관리할 때 대단히 안전한 방법이라고 할 수 있습니다.

비트코인 하드웨어 지갑

하드웨어 지갑은 비교적 새로운 비트코인 저장 방법입니다. 이는 주머니에 들어갈 수 있는 작은 장치이며 사용자의 개인 키를 아무도 장치에서 추출하지 못하도록 안전하게 저장합니다. 하드웨어 지갑은 앞서 언급한 오프라인 거래 서명 방법의 오프라인 컴퓨터와 유사한 역할을 하는데, 온라인 컴퓨터에 연결할 수 있어서 더 편리합니다. 사용자의 온라인 컴퓨터에 바이러스가 있더라도 사용자의 비트코인은 전혀 위험하지 않습니다. 온라인 컴퓨터의 비트코인 지갑 소프트웨어에서 비트코인 보내기 기능을 실행한 후 하드웨어 장치에서 한 번 더 인증을 해야 비트코인이 전송됩니다. 하드웨어 지갑은 저장된 개인 키들로 거래를 승인하며 이 정보는 온라인 컴퓨터로 보내집니다.

이 방법은 개인용 핫월렛을 사용하는 것만큼 편리하면서도 개인 키가 인터넷에 노출되지 않기 때문에 더 안전합니다. 하드웨어 지갑의 비트코인은 항상 저온 저장소에 있게 됩니다. 그러나 하드웨어 지갑은 하드웨어를 구입해야 한다는 단점이 있습니다. 또한 (일부 하드웨어 지갑은 비트코인을 백업하는 방법을 제공하기도 하지만) 하드웨어 지갑을 잃어버리면 비트코인도 함께 잃어버리게 됩니다. 하드웨어 지갑은 편의성과 보안성이 높지만 수명이나 내구성에 대한 데이터가 아직 부족합니다. 그렇기에 비트코인을 장기 저장하려는 사용자는 이 방법을 지나치게 신뢰하지 않았으면 합니다.

트레저 Trezor

많은 관심을 받는 하드웨어 지갑 중 하나로 트레저가 있습니다. 트레저 하드웨어 지갑은 사용하기 쉬운 우수한 장치로 평가되지만 여전히 버그나 보안 결함이 존재할 가능성이 있습니다. 사실 비트코인도 이론적으로는 버그나 보안 결함이 있을 수 있습니다. 사토시랩스Satoshi Labs가 만든 트레저는 비트코인을 저장하는 작은 장치입니다. 즉, 트레저는 개인 키를 저장합니다.

비트코인을 사용하고 싶을 때, USB 케이블을 사용하여 트레저를 컴퓨터에 연결합니다. 이 컴퓨터가 굳이 사용자의 컴퓨터일 필요는 없습니다. 어떤 컴퓨터를 사용하든 안전하게 비트코인을 보낼 수 있습니다. 사용자가 트레저를 연결하는 컴퓨터를 신뢰할 필요가 없다는 점이 트레저의 가장 뚜렷한 특징이라고 볼 수 있습니다. 여행 중이거나 개인 노트북이 없어도 주위의 모든 컴퓨터를 사용할 수 있기 때문에 아주 유용합니다. 대부분의 비트코인 도난은 스마트폰이나 노트북의 보안 허점을 악용하여 발생하기 때문에 트레저를 사용하면 비트코인 도용 위험이 크게 줄어듭니다. 그럼 이 기기가 어떻게 작동하는지 자세히 알아보겠습니다.

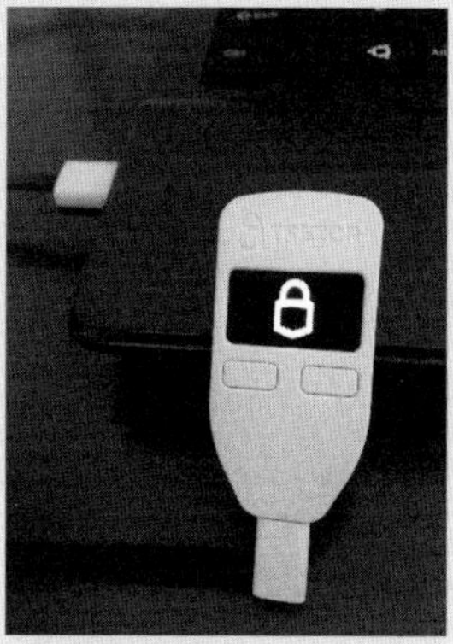

▶ 트레저 장치

스마트폰과 노트북도 개인 키를 저장할 수 있는 장치지만, 개인 키를 다른 데이터들처럼 복사하고, 수정할 수 있는 정보로 취급한다는 점이 트레저와 다릅니다. 노트북의 바이러스는 개인 키 데이터를 검색해서 복사하고 원격 서버에 전송하여 비트코인을 훔칠 수 있습니다. 반면에 트레저는 사용자나 바이러스가 개인 키 데이터를 검색하고 복사하는 걸 허용하지 않습니다. 트레저에서 비트코인을 사용하고자 할 때는 내부의 개인 키로 거래에 서명해야 합니다.

트레저를 구성하는 방법은 약간 번거로워서 초보자의 경우 5~10분이 걸리지만, 한번 구성해두면 다시 그 작업을 반복하지 않아도 됩니다.

1. 트레저를 노트북에 연결하십시오.
2. https://mytrezor.com/을 방문하십시오. 노트북에서 트레저와 통신하기

위해 필요한 플러그인을 설치하십시오(플러그인이 설치되고서 브라우저를 다시 시작해야 할 수도 있습니다).

3. https://mytrezor.com/으로 다시 이동하십시오. 웹사이트가 트레저가 아직 구성되지 않았다는 걸 인식하고 장치에 고유한 이름을 달라고 요청할 것입니다. 이름을 입력하고 '계속'을 클릭하십시오.
4. 노트북으로 새 핀 번호를 입력하십시오.
5. 핀 번호를 다시 입력하여 이전 단계에서 실수가 없었는지 확인하십시오.
6. 트레저 장치는 복구 시드를 표시하므로 장치를 잃어버려도 비트코인을 복구할 수 있습니다. 이는 트레저가 개인 키(간접적으로 시드에서 파생된)를 공개하는 유일한 경우입니다. 구성 절차가 완료되면 개인 키에 접근할 수 없으며 개인 키를 확인할 수도 없습니다. 복구 시드를 종이에 적어 안전한 장소에 보관하십시오.
7. 축하합니다. 이제 트레저를 사용하기 위한 모든 준비를 마쳤습니다! 비트코인이 다른 곳에 저장돼 있는 경우, 계정 → 수신을 클릭하여 수신 비트코인 주소를 찾아서 비트코인을 당신의 트레저로 보낼 수 있습니다.

트레저 작동은 이보다 훨씬 더 간단합니다.

1. 트레저를 노트북에 연결하십시오.
2. 트레저를 작동할 수 있게 사전 작업을 마친 노트북에서 비트코인 지갑 프로그램을 엽니다(또는 트레저 사용자를 위해 사토시랩스가 만든 웹사이트 https://mytrezor.com/을 방문하십시오).
3. 노트북에서 보낼 비트코인의 수와 보낼 위치를 선택하십시오. 그런 다음 보내기를 클릭하십시오.

4. 트레저가 핀 번호 입력을 요청할 것입니다. 노트북에 핀 번호를 입력하십시오.
5. 트레저는 거래 내역을 표시합니다. 트레저에서 해당 버튼을 눌러 거래를 확인합니다. 트레저는 이제 서명된 비트코인 거래를 만들어 노트북으로 보내올 것입니다.
6. 노트북이 비트코인 네트워크에 거래를 자동으로 알립니다. 당신의 비트코인이 성공적으로 전송됐습니다!

이 단계는 총 1분 정도 소요되며 온라인 쇼핑 등을 할 때 매우 편리합니다. 다만 카페의 금전 등록기와 같은 포스 단말기에서는 사용할 수 없습니다.

트레저는 암호와 핀 번호를 사용하며, 여러 계정에 대한 계층구조의 결정성을 지닌 지갑**hierarchical deterministic**과 같은 고급 기능을 지원합니다. 이 기능에 대한 자세한 내용은 트레저 웹사이트(https://trezor.io)를 참조하십시오. 트레저는 50~150유로에 판매되고 있습니다.

비트코인 브레인월렛

비트코인을 저장하기 위해 브레인월렛을 사용하는 것은 독특한 신기술입니다. 비트코인 브레인월렛을 사용한다는 건 비공개 키를 암기하여 비트코인을 두뇌에 완전히 저장한다는 의미입니다. 이 저장 방법은 여러 측면에서 비실용적이며 비트코인·암호화 전문가에게만 권장합니다. 훔치거나 붙잡을 실체가 없기 때문에 물리적 환경을 제어할 수 없을 때(기숙사에 거주하거나 보안 검색대를 통과하는 등) 이 방법을 사용하여 비트코인을 저장할 수 있습니다. 비트코인 브레인월렛을 사용하려면 우선, 길고 잊어버리기 어려운 암호 문구를 만들어야 합니다. 특히 대량의 비트코인을 저장할 때는 더욱 신경 써야 합니다. 그런 다음 암호 문구를 개인 키와 비트코인 주소를 출력하는 컴퓨터 프로그램(오프라인 컴퓨터에서 실행)에 입력합니다.

암호 문구: 'Bitcoin for the befuddled' ← 너무 짧음

개인 키: 5JS1PoX1e7b48VnBtaeYohJvoe8NTGBTdBa9KELJR9UjoeL9ukx

비트코인 주소: 1EjtJ53dXFT7cmP5ETiQuyc9fPy96FEPBh

위의 암호 문구는 짧고 추측하기 쉽기 때문에 저장된 비트코인이 위험할 수 있습니다. 그러나 다음 암호 문구는 충분히 복잡합니다.

암호 문구: 'crowley likes beaches, lisp programming, ravioli and sasquatches conradbarski chriswilmer nostarchpress'

개인 키: 5Ke7Unhs9Ghc4UmhVZXptjPZiVFn48fnN1xGeoctsKrHdpdJtAD

비트코인 주소: 1FqwT4844gvjP6GCELW5NaR1gMCQKRcaSP

오프라인 컴퓨터에서 암호 문구를 생성한 후, 개인 키를 제외한 비트코인 주소만 복사합니다. 오프라인 컴퓨터에도 개인 키를 저장해서는 안 됩니다. 개인 키는 비트코인을 옮길 때 사용되며, 기억하고 있는 암호 문구를 통해 개인 키를 다시 생성할 수 있습니다(그리고 일렉트럼과 같은 비트코

인 지갑으로 가져오거나 오프라인 거래 서명에 사용할 수도 있습니다). 어디에도 개인 키를 저장하지 않기 때문에 그 누구도 물리적 방식이나 디지털 방식으로 사용자의 개인 키를 훔칠 수 없습니다. 암호 문구를 적어서 안전한 장소에 숨겨둘 수는 있지만 이는 엄밀히 말해 브레인월렛은 아닙니다(대신 편리한 방법일 수는 있습니다).

브레인월렛은 상당한 양의 비트코인을 장기간 저장하는 데 유용하지만 일상적인 거래를 진행할 때는 그리 편리하지 않습니다. 그뿐만 아니라 암호 문구를 잊어버릴 수도 있기 때문에 수십 년 동안 브레인월렛에 다량의 비트코인을 저장하는 건 위험할 수 있습니다. 또한 사람이 컴퓨터가 추측할 수 없는 암호 문구를 생성해내는 것은 이론적으로 불가능하다는 것을 알아야 합니다. 컴퓨터는 사람이 생각해낼 수 있는 모든 암호 문구를 추측할 수 있습니다. 많은 양의 비트코인을 장기간 저장하려면 고품질 난수 생성을 통해 무작위로 생성된 개인 키를 사용하는 것이 가장 안전합니다.

저장 방법 선택하기

자신에게 가장 적합한 비트코인 저장 방법을 찾고자 한다면, 적은 양의 비트코인으로 직접 체험해보는 것이 좋습니다. 비트코인 저장 방법을 사용하기 전에 사람의 실수가 가장 큰 위험 요소라는 걸 명심하십시오. 비트코인의 작동 방식에 익숙해지면 소유하고 있는 비트코인의 양과 보안 수준을 점차 높일 수 있습니다.

100% 안전한 보안 시스템은 존재하지 않지만 금이나 전통적인 통화

보다는 비트코인을 더 안전하게 저장할 수 있습니다. 비트코인 저장은 은행 계좌에 현금을 넣는 것보다 덜 안전해 보일 수 있지만 이는 단순히 대부분의 사람이 익숙하지 않은 기술에 거부감과 의혹을 느끼기 때문일 수 있습니다. 언젠가는 암호화 원칙에 기반해 구축되었고 위조가 불가능한 이 통화가 전통적인 통화보다 안전하다는 사실을 모두 당연하게 여길 날이 올 것입니다.

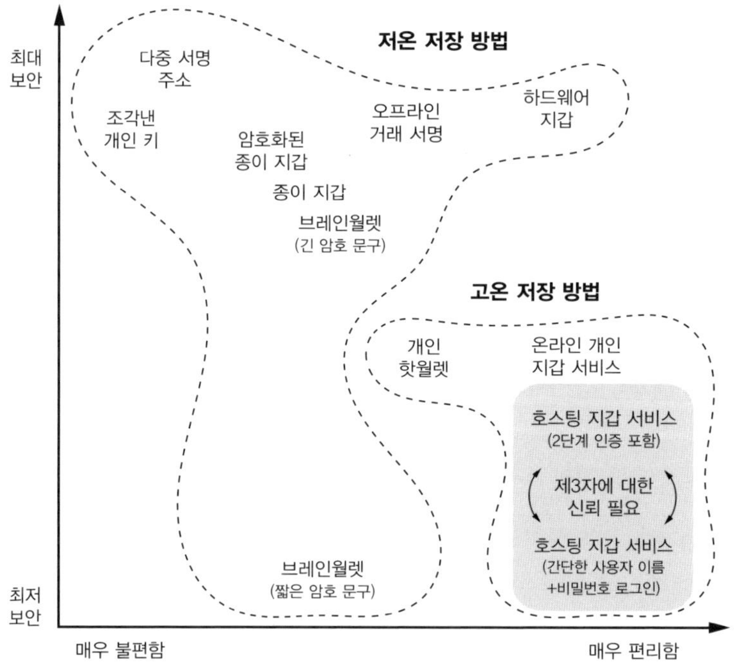

▶ 비트코인 저장 방법은 낮은 보안(그러나 편리함)에서 높은 보안(그러나 불편함)에 이르는 범위에 걸쳐 있습니다. 새로운 방법이 끊임없이 개발되고 있기 때문에 이 도표에 모든 방법이 포함돼 있다고 할 수는 없습니다.

5장

비트코인 구매

비트코인을 구매하는 것은 기본적으로 다른 화폐를 구매하는 것과 유사합니다. 미국 달러를 일본 엔이나 멕시코 페소로 교환하는 다양한 방법에 대해 생각해봅시다. 소액의 외화가 필요하다면 친구를 통해서도 원하는 통화로 교환할 수 있습니다. 그보다 조금 큰 금액을 환전하고 싶다면, (높은 수수료를 지불해야 하지만) 국제 공항에 있는 환전소에서 편리하게 교환할 수 있습니다. 수천 달러를 교환하는 상황이거나 높은 수수료를 지불하고 싶지 않은 경우에는 주요 환전소에 계좌를 등록해야 합니다. 이 모든 사항은 (인프라가 아직 전통적인 통화만큼 개발되지 않았다는 점을 제외하고는) 비트코인에도 마찬가지로 적용됩니다.

핵심은 지금도 다양한 방법으로 비트코인을 구입할 수 있다는 것입니다. 친구나 이웃에게서 살 수도 있습니다. 또는 온라인이나 오프라인의 중개인들을 통해서도 구입할 수 있습니다. 아니면 주요 비트코인 통화 거래소Bitcoin currency exchange를 이용해도 됩니다. 비트코인은 이미 비트코인을 갖고 있는 사람에게서 구입하는 것이라는 사실을 염두에 두어야 합니다. 거래소들은 단지 비트코인 거래를 수월하게 할 뿐입니다. 비트코인은 비트코인 회사에서 직접 판매하지 않습니다. 따라서 어떤 개인도 비트코인

의 가격을 책정할 수 없습니다. 가격은 매일 매매하는 사람들에 의해, 즉 자유 시장에 의해 결정됩니다.

비트코인 구매법

채굴을 통해 비트코인을 얻는 방법도 있지만 실제로 그렇게 하기는 쉽지 않습니다. 무료로 할 수 있는 것도 아닙니다. 당신이 업무를 중단하고 전업 비트코인 채굴자가 되려는 게 아니라면 채굴로 비트코인을 얻는 것은 실용적이지 않습니다. 비트코인 채굴을 위해서는 고도로 전문화된 컴퓨터 하드웨어, 저렴한 전기와 많은 인내가 필요합니다.

비트코인은 다음의 세 가지 방법으로 구입할 수 있습니다.

- **쉬운 방법:** 중개 회사를 통해서 구입.

- **효율적인 방법:** 환전소를 통해서 구입.

- **재미있고 미래지향적인 방법:** 개인 대 개인으로 구입.

중개 회사는 사람들이 비트코인을 쉽게 구입할 수 있도록 돕는 과정에서 수익을 올립니다. 이들은 적절한 고객 서비스를 제공하며 서비스 이용자는 비트코인 거래와 관련된 복잡한 체계를 이해할 필요가 없습니다. 그리고 모든 중개인이 그렇듯 편의에 대한 대가로 수수료를 받습니다.

보다 효율적인 방법은 비트코인 환전소에서 직접 비트코인을 구매하는 것입니다. 환전소는 정교한 환전 시스템을 사용하여 비트코인을 사고파는 사람들을 직접 연결해줍니다. 이러한 교류가 어렵게 느껴져서 기피하는 초보자들이 있을 수 있습니다. 그러나 환전소는 비트코인 구매와 판매가 가장 많이 이루어지는 곳입니다. 그렇기 때문에 보통 환전소에서 비트코인을 구입하면 가장 좋은 가격으로 살 수 있습니다. 또한 거래소에서 직접 구매하기 때문에 거래에 참여하는 인원이 최소화되므로 대규모 거래를 진행할 때도 거래의 위험성을 줄일 수 있습니다. 대량의 비트코인을 구매하는 경우 환전소에서 직접 거래하는 것이 가장 좋습니다. 소액 구매 시에도 환전소는 좋은 선택지입니다. 물론 처음에는 환전소의 거래 시스템에 대해 파악할 시간이 좀 필요할지도 모릅니다.

비트코인을 개인으로부터 직접 구매한다면, 이 새로운 통화에 관심이 있는 다른 사람들을 만날 기회가 될 것입니다. 그렇기 때문에 가장 재미있는 거래 방법이라고 볼 수 있습니다. 물론 낯선 사람들과 돈을 직접 거래하는 것 자체가 누군가에게는 불편한 방법일 수도 있습니다. 그러나 많은 비트코이너는 개인 대 개인의 거래가 가장 미래적인 비트코인 구매법이라고 생각합니다. 어떤 사람들은 비트코인 같은 기술을 통해 사람들 간의 상호작용을 이루는 것이 더 실용적이라고 여기며, 대기업이 필요 없는 더 분산화된 사회를 굼꾸기도 합니다. 언젠가는 얼굴을 맞대고 교환하는 것이 비트코인을 사는 가장 효율적이고, 저렴하고, 빠른 방법이 되지 않을까요?

비트코인을 쉽게 구매하는 방법

비트코인을 사는 가장 쉬운 방법은 비트코인 교환 중개자라고 불리는 비트코인 중개소를 이용하는 것입니다. 비트코인 중개소는 하나 이상의 비트코인 거래소에 자신의 계정을 등록한 회사이며 사용자를 대신하여 비트코인을 구매하거나 판매합니다. 일반적으로 교환 중개인은 시장 가격으로 비트코인을 판매하며, 스스로 가격을 설정할 수 없습니다. 또한 이들은 통화를 한 방향으로만(비트코인 → 달러, 또는 달러 → 비트코인) 환전해주는 경우도 있습니다. 예를 들어 2013년에 비트코인 가격이 급등했을 때 비트코인 생태계를 처음 접한 많은 사람이 비트코인을 재빠르게 구매하고자 했습니다. 그 결과 비트코인을 달러로 교환해주는 회사가 많이 생기면서 달러로 비트코인을 구매하고 싶어 하는 수요를 충족시켜준 경우도 있습니다.

중개소를 이용할 때의 이점도 분명히 있습니다. 비트코인 구입과 관련된 서류 작업을 최소화하며 보통 며칠이나 몇 주가 아닌 단 몇 분 만에 비트코인을 제공합니다. 수수료는 보통 1~10%지만 서비스나 고객 지원은 비트코인 거래소보다 더 좋습니다.

TIP 비트코인 중개소는 페이팔 서비스와 유사한 기능을 합니다. 페이팔은 사용자가 은행 계좌로 인터넷 구매를 하는 것을 돕습니다. 페이팔을 사용해본 적이 있다면 중개소의 도움을 받는 것이 그와 매우 유사하다는 걸 알 수 있습니다.

다음 표에 잘 알려진 몇몇 환전소 이름과 관련 정보가 있습니다. 당신은 가장 낮은 요금을 부과하고 최상의 사용자 경험을 제공하는 회사를

회사명	제공되는 서비스*	장소	설립연도
Bitcoinacs	비트코인을 시장가격으로 구매하고 판매: 오프라인 비트코인 상점	켈로우나, 캐나다 (Kelowna, Canada)	2013
BTCquick	신용카드를 통한 비트코인 구매	덴버, 콜로라도, 미국 (Denver, CO, USA)	2013
Circle	은행 계좌나 신용카드를 통한 비트코인 구매와 판매	보스턴, 매사추세츠, 미국 (Boston, MA, USA)	2013
Coinbase	비트코인을 시장가격으로 구매하고 판매: 비트코인 지갑 호스팅	샌프란시스코, 캘리포니아, 미국(San Francisco, CA, USA)	2012

* 제공되는 서비스의 일부분.

선택해야 합니다. 따라서 이러한 환전소를 이용하기 전에 반드시 서비스에 대한 평판을 비트코인 커뮤니티와 여러 온라인 웹사이트에서 확인하십시오. 대부분 이러한 서비스는 제한된 지역에서만 운영되기 때문에 일부 서비스는 한국에서 이용하지 못할 수도 있습니다.

주의 제대로 운영되지 않았거나 사기성이 농후했던 회사들도 과거에 비트코인 매매에 참여했습니다. 우리가 이 장에서 언급한 회사들도 미래에 이러한 일들을 벌일 수 있습니다. 특정 회사에 돈을 맡기기 전에 해당 회사가 신뢰할 만한지 알아보는 것은 개인의 역량입니다.

이러한 회사에서 비트코인을 구입하는 과정을 알아보기 전에 우리는 먼저 두 가지 기술의 개념을 파악해야 합니다. 반드시 이해해야 하는 개념은 해킹과 도난에 대한 위험성을 크게 줄일 수 있는 온라인 거래(이러한 거래를 고려하는 틀) 방법인 '2단계 인증two-factor authentication'입니다. 또한 가역적 금융 거래reversible financial transaction와 비가역적 금융 거래irreversible financial transaction의 차이도 알아야 합니다. 이 차이를 이해하면 왜 서비스 업체에서 비트코인을 구매할 때 대기 시간이 긴지 알 수 있습니다.

인증 요소들

디지털 기술로 인해 컴퓨터 사용자들은 암호, 홍채 인식, 전자키, 얼굴 인식 등 여러 방법으로 자신의 신분을 증명할 수 있게 됐습니다. 그러나 이러한 보안 조치는 모두 무용지물이 될 수 있습니다. 당신이 공상 과학 영화 마니아라면, 수많은 방법을 통해 이러한 보안 조치들이 어떻게 무력화되는지 잘 알고 있을 겁니다.

그러나 인증 방법들을 세 가지 주요 유형으로 정리한 다음, 이 중 두 가지를 사용한다면 보안 조치 무력화를 방지할 수 있습니다. 이 방법을 2단계 인증이라고 합니다. 유형은 다음과 같이 구분할 수 있습니다.

- **당신이 알고 있는 것:** 암호, 첫 번째 애완동물의 이름, 서명 등
- **당신이 소유하고 있는 것:** 전자키, 스마트폰 등
- **당신만의 것:** 지문, 얼굴, 눈, 목소리 등

세 유형의 약점은 서로 다릅니다. 그렇기 때문에 두 가지 인증 방법을 선택하면 해커가 계정에 침입하기가 훨씬 더 어려워집니다. 이를 2단계 유형 식별two-factor identification이라고 합니다.

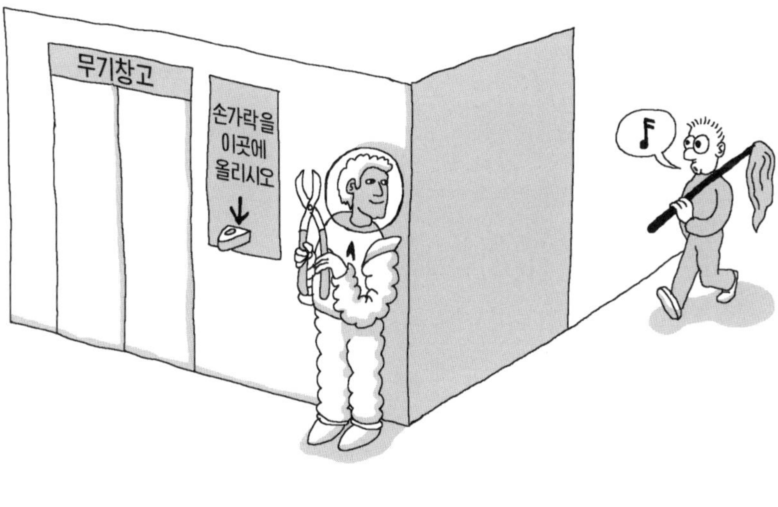

비트코인 환전

비트코인에 대한 주요 비판 중 하나는 비트코인을 얻는 과정이 번거롭다는 것입니다. 교환 중개인을 통해 달러와 같은 통화로 비트코인을 구매하면 보통 며칠을 기다리게 됩니다(2013년에는 교환 중개인을 통한 방법이 가장 보편적이었다면 요즘은 환전소 시스템이 잘되어 있어 몇 초 안에 비트코인을 구입하는 게 가능합니다-옮긴이). 인터넷에서는 10초 만에 상품을 살 수 있는데 비트코인을 사는 데는 며칠이 걸린다는 사실을 사람들은 종종 이상하게 생각합니다.

가역적 금융 거래

놀랍게도 그 이유는 현재 세계 경제가 계약과 가역적 거래를 중심으로 구축됐기 때문입니다. 두 당사자 간의 금융 가치 이전은 신용카드 결제, 수표 입금, 은행 송금, 주식 매입, 담보 대출과 매우 유사한 단계를 거칩니다. 재무회계 원장에서 추적되는 모든 금융 자산(종이 현금 이외의 대부분을 포함)은 이러한 방식으로 처리됩니다. 단계는 다음과 같습니다.

1. **당사자 중 하나 또는 양측이 법적으로 구속력 있는 계약서를 작성**

   이 계약서는 주택 담보 대출을 받을 때처럼 정식으로 작성하기도 하지만, 때로는 이전에 동의한 조건에 근거하여 암묵적으로 작성합니다. 예를 들어 당신이 아마존에 신용카드 정보를 입력하면, 당신은 신용카드 발급자와 미리 체결한 계약의 구속을 받습니다. 이 계약서는 신용카드를 사용하여 발생한 부채를 당신이 책임질 것이라는 내용의 계약서입니다.

2. **계약 조건을 모든 당사자에게 발송**

누군가 은행 송금을 시도하면 돈을 보내는 은행과 돈을 받는 은행에 모두 송금 요청이 전달됩니다. 마찬가지로 당신이 아마존에서 신용카드로 산딸기 향 비누를 결제하면, 비누 판매자는 이 상황을 보고받습니다. 이 시점에서 당사자들은 여전히 계약을 해제할 수 있습니다. 그 기간을 결제 기간settlement period(또는 보류, 휴면 기간 등 자산 유형과 관련된 정확한 상황에 따라 다르게 표현)이라고 부릅니다.

3. **구입한 자산 전달 및 재무 기록 업데이트**

일정 기간이 지나서 은행이 원장을 업데이트하면 수령인의 은행 계좌에 잔액이 표시됩니다. 마찬가지로 산딸기 향 비누는 배달 절차에 따라 물류센터로 전달됩니다.

이 과정에서 중요한 것은 은행(또는 주식 거래 웹사이트, 주택 담보 대출 회사, 비누 판매자)이 장부에 입력한 정보가 실제 자산의 소유주가 누구인지를 결정하는 데에는 영향을 끼치지 않으며, 실제로 이 장부는 법적 효력이 없다는 사실입니다. 당신이 은행 계좌에 돈을 소유하고 있는지, 페이팔 계좌에 돈을 넣어두었거나 이트레이드E-Trade(미국 주식 거래 웹사이트-옮긴이)에 구글의 지분을 소유하고 있는지를 확인하는 유일한 방법은 원래 계약을 살펴보는 것입니다. 누군가 당신이 거래하는 은행에 연락해 당신의 이름을 대며 "○○이 나와 작성한 계약서에 서명했기 때문에 ○○의 계좌에 있는 모든 돈은 실은 내 것입니다"라고 말한다고 해봅시다. 그가 여러 법적 절차를 거쳐 당신의 계좌에 있는 돈이 실제로 자신의 것이라는 사실을 증명하게 되면 은행에 있는 돈도 안전하지 않을 것입니다. 은행 내부 장부에 그 돈이 당신의 것이라고 적혀 있다는 사실은 더 이상 중요하지 않습니다.

법적 계약은 항상 분쟁의 여지가 있습니다. 은행, 주택 담보 대출 회사, 이트레이드, 아마존 등이 관리하는 장부는 모두 법적 시스템의 적용 대상이기 때문에 기존 금융 시스템은 가역적 금융 거래reversible financial transaction를 기반으로 한다고 볼 수 있습니다. 또한 기존의 계약 기간이 추후에 변경된다는 법적 규정이 없는 한, 2단계에서 언급한 결제 기간은 무기한입니다.

이것은 이론적으로 옳으며 실제로도 맞는 말입니다. 다음과 같은 모든 유형의 거래는 최소 한 사람에 의해 거래가 진행된 이후 며칠이나 몇 주 또는 몇 달 후에 취소될 수 있습니다.

· 은행 송금
· 신용카드 거래
· 주택 담보 거래
· 주식 구매
· 수표 예금

이러한 거래 중 어떤 거래에서는 구매를 되돌릴 수 있는 유일한 당사자가 거래에 참여했던 이들 중 상대적으로 더 강력하고 덩치가 큰 개체일 수 있습니다. 예를 들어 이트레이드는 영업일 기준 10일이 지나야 당신의 계좌로부터 해당 주식을 빼낼 수 있도록 장치를 마련해두었습니다. 당신이 주식을 구입하고 송금을 취소했을 때 주식을 사기 위해 이용했던 은행이 거리낌 없이 당신의 계좌에 있던 주식을 빼앗아간다는 이야기입니다.

비가역적 금융 거래

그러나 완전히 돌이킬 수 없는 금융 거래도 있습니다. 대표적인 예시로는 지폐를 사용한 거래가 있습니다. 예를 들어 어느 날 현금 인출기가 당신의 돈이 아닌데도 1,000만 원을 내어주었다고 해봅시다. 만약 당신이 그날 저녁 숲속에 그 돈을 묻기로 결정한다면 어떠한 법적 계약이나 은행의 조치, 정부의 행위도 그 현금을 현금 인출기로 되돌려놓을 수 없습니다. 특히 당신이 그 돈을 어디에 묻었는지 말하지 않는다면 법적 시스템이 직접 이 돈을 찾을 방법은 없다고 볼 수 있습니다.

물론 정부나 은행에서 당신이 소유한 1,000만 원을 다른 방식으로 압류할 수는 있지만 그것은 '거래를 되돌리는 것'과는 다른 문제입니다.

비트코인은 이와 동일한 속성이 있어서 디지털 현금이라고 불리기도 합니다. 비트코인 결제 방법을 통해 다른 사람에게 비트코인을 주게 되면 당신이 하는 어떠한 행동이나 말을 통해서도 이 거래를 무효화시킬 수 없습니다. 이러한 결제는 순수한 수학적 기법으로 시행되며 결제 자체가 법적 계약이 되지는 않습니다.

가역적, 비가역적 자산의 결합

이제 우리는 비트코인을 구입하는 과정이 번거롭게 여겨지는 이유를 이해할 수 있습니다. 비가역적 성격의 자산을 사용해 가역적 성격의 자산을 구입하면 객체 불일치impedance mismatch 현상이 발생합니다. 즉, 가역적 거래 기반인 시스템(현대 금융 시스템)과 비가역적 거래 기반 시스템(암호화폐 시스템)을 효율적으로 구축하는 것은 가능하지만 이 두 시스템 간의 자산 교환은 어렵습니다.

은행들이 ATM에 엄격한 현금 인출 한도를 두거나 비트코인을 구매하는 데 며칠이 걸리기도 하는 이유가 여기에 있습니다. 두 경우 모두 문제가 발생해도 거래를 되돌릴 방법이 없습니다. 거래를 되돌리는 시도를 할 경우, 거래의 절반만 되돌릴 가능성이 높으니 거액의 자금을 다루는 기관들은 특히 주의할 필요가 있습니다.

TIP 만약 당신이 아마존에서 구매한 산딸기 향 비누를 택배로 받았다면, 이는 비가역적 거래라고 볼 수 있습니다. 하지만 이 비누를 불법적으로 취득했을 때에는 비트코인과 달리 이를 다른 사람에게 판매하기가 어렵습니다. 이러한 측면에서 비누를 파는 회사가 비트코인을 파는 회사보다 보안상 더 안전하다고 할 수 있습니다.

비가역적 거래가 우수하다고 주장하는 이유

비트코인 거래는 되돌릴 수 없다는 말에 거래를 취소할 수 있는 신용카드 거래에 더 마음이 갈지도 모릅니다. 그러나 비트코인으로 가역적 거래를 하는 것은 간단한 일입니다. 이를 위해 존재하는 많은 시스템이 보통 비트코인의 다중 서명 거래multi-signature transaction 기능을 사용합니다. 뒷부분에서 이 기능에 대해 자세히 설명하겠습니다.

현재 인터넷에서 비트코인으로 물건을 구매할 때, 신용카드를 이용한 구매보다 보안이 취약한 것은 사실입니다. 이는 비트코인의 약점이며 비트코인 시스템이 개선해야 할 사항입니다. 하지만 상황에 따라 가역적 거래와 비가역적 거래가 모두 유용합니다. 예를 들어 당신이 낯선 사람에게 100달러에 자전거를 판다고 가정해봅시다. 당신은 개인 수표처럼 상대방의 의지로 되돌릴 수 있는 자산과 자전거를 맞바꾸고 싶지는 않을 것입니다. 대신 "현금만 받겠다"라고 하겠죠. (이 책을 다 읽고 나면 "현금이나 비트코인으로 주세요"라고 말할지도 모르겠네요.)

비가역적 거래 방식을 취하고 있지만 가역적 거래도 수행할 수 있는 비트코인과 달리 신용카드는 완벽한 비가역적 거래가 불가능합니다. 그 때문에 일부 사람들은 비가역적 금융 거래 방식을 더 우위에 둡니다. 이러한 비가역적 금융 거래 방법은 (전통적인 계약을 통한 가역적 금융 거래를 포함) 보다 복잡한 형태의 거래를 구축하는 토대가 될 수 있습니다.

비트코인이 구매하기 까다롭다는 것을 이유로 비트코인의 설계 구조 자체를 비판하는 것은 공정하지 않다고 볼 수 있습니다. 이런 어려움의 원인에 전통적인 금융 시스템 구조도 영향을 미쳤기 때문입니다.

비트코인 ATM: 궁극의 비트코인 중간 거래자?

비트코인 구매가 불편했던 이유 중 하나는 비트코인을 구매할 때 사용하는 신용카드나 은행 송금 등 전통적인 금융 수단들의 가역성 때문입니다. 그러나 가장 확실한 비가역적 금융 수단은 지폐입니다. 예를 들어 어떤 사람이 당신에게 1달러 지폐를 건네면, 그 사람은 물리적인 힘을 동원하지 않고는 그 거래를 무를 수 없습니다.

마찬가지로 ATM과 유사한 비트코인 구매 장치가 있다면 지폐 같은 실물 화폐를 사용하여 비트코인을 아주 손쉽게 살 수 있을 것입니다. 이러한 기계를 이용하면 구입자가 비트코인을 아주 빠르게 구매할 수 있게 됩니다. 왜냐하면 두 통화 모두 비가역적이기 때문입니다. 코인베이스(암호화폐 거래소-옮긴이)와 비슷한 수수료를 부과하는 ATM은 잠재적인 비트코인 중간 거래자로 여겨집니다. 실제로 비트코인 ATM이 구축되기도 했고 인기도 많습니다. 최초의 비트코인 ATM은 캐나다 밴쿠버의 한 카페에 세워졌습니다.

그러나 미국에서 이러한 ATM이 널리 보급되거나 완전히 합법화될 수 있을지는 알 수 없습니다. 지폐와 비트코인은 화폐의 비가역성 이외에도 공통점이 있는데, 바로 어느 정도의 익명성을 보장한다는 것입니다. 그렇기에 비트코인 ATM은 돈세탁과 기타 불법적 목적으로 돈을 익명 처리하는 환상적인 도구가 될 수 있습니다. 안타깝게도 지구상의 많은 국가는 준법정신이 강한 시민들에게 굉장히 유익해도 범죄자들에게 도움이 되는 것은 주저하지 않고 불법화할 것입니다. 따라서 비트코인 ATM이 앞으로 얼마나 널리 보급될지 예측하기는 어렵습니다.

비트코인을 효율적으로 구매하는 방법

비트코인을 구입하는 가장 효율적인 방법은 환전소를 이용하는 것입니다. 이 방법은 중개인을 거치는 것보다 시간과 노력이 조금 더 필요하지만 대량의 비트코인을 구입할 때 상대적으로 안전하며 비용이 덜 듭니다.

환전소에서는 하나의 통화로 돈을 예치하고 스스로 결정한 환율을 바탕으로 환전을 제안할 수 있습니다. 100비트코인과 1달러의 교환도 제안할 수 있지만 성공률은 낮을 것입니다. 또한 이미 비트코인을 소유하고 있는 다른 사용자들은 비트코인을 1억 달러에 환전하자고 제안할 수도 있습니다. 이 제안 또한 실제로 이루어질 가능성은 낮습니다. 그러나 당신이 입찰가를 높이거나 다른 사용자가 낙찰가를 낮추며 적절한 중간 가격

을 도출한다면 교환이 이루어집니다. 인기 있는 거래소에서는 매 순간 수천 건의 입찰가와 낙찰가가 다양한 교환율로 제출됩니다. 그러나 공식적인 교환율은 일반적으로 최고 입찰가와 최저 낙찰가 사이의 값이 됩니다.

수많은 비트코인 거래소 중 대체 어떤 거래소를 이용해야 할까요? 거래소들은 모든 거래에 약간의 수수료(보통 0.5% 미만)를 청구하여 돈을 벌기 때문에 수수료 구조를 기반으로 거래소를 선택하는 것도 하나의 방법입니다. 그러나 수수료 구조보다 더 중요한 것은 보안, 규제 준수, 거래량입니다. 많은 비트코인 거래소들이 수년간 별문제 없이 성공적으로 운영됐지만, 몇몇 거래소는 과거에 해킹을 통해 비트코인을 도난당했거나 금융 규제를 준수하지 않았다는 이유로 정부 당국에 거래소 운영 중단을 통보받았기 때문입니다. 거래량도 거래소를 선택할 때 고려해야 하는 중요한 요소입니다. 거래량이 많을수록 공정한 가격으로 비트코인을 거래할 수 있으며 하루에 사고팔 수 있는 비트코인도 많아집니다. 예를 들어 하루에 평균 10비트코인 정도만 거래가 이루어지는 소규모 거래소에서는 100비트코인을 빠르게 구매할 수 없을 것입니다. 거래량이 많은 거래소는 그만큼 신뢰와 보안이 검증됐다고도 볼 수 있습니다.

거래소를 선택할 때 고려해야 할 세 가지 요소 중 가장 쉽게 알아볼 수 있는 것은 거래량 정보입니다. 아래의 표는 적당히 높은 거래량을 가진 거래소들의 목록입니다. 비트코인 입문자들에게는 수년간 운영해온 역사가 있는 거래소를 추천합니다. 이러한 거래소들은 보안이나 규제 준수 문제가 이미 해결되었을 가능성이 높기 때문입니다. 새로 문을 여는 거래소의 입장에서 보면 불공평한 결론일 수 있습니다. 새로 설립된 거래소가 기존의 거래소들보다 더 나은 보안을 제공할 수도 있기 때문입니다. 그러나 돈과 관련된 문제에서 신중을 기하는 것은 당연한 일입니다.

현재 당신이 살고 있는 국가와 비트코인으로 교환하고 싶은 통화의 종류도 거래소를 선택하는 데 중요한 요소로 작용합니다. 일부 거래소들

거래소 이름	환전 가능한 통화	물리적 주소	설립 날짜
ANXBTC	AUD/BTC, CAD/BTC, CHF/BTC, EUR/BTC, GBP/BTC, HKD/BTC, JPY/BTC, NZD/BTC, SGD/BTC, USD/BTC	홍콩	2011
Bitstamp	USD/BTC	본사는 영국에 있는 슬로베니아 은행	2012
BTC China *2015년 BTCC로 변경됨	CNY/BTC	중국	2011
CampBX	USD/BTC	애틀랜타, 조지아, 미국	2011
Cavirtex	CAD/BTC	캐나다	2011
Kraken	EUR/BTC	샌프란시스코, 캘리포니아, 미국	2012

은 오직 달러만 비트코인으로 바꿔주는 반면, 어떤 거래소들은 다양한 통화와 교환해줍니다. 일부 비트코인 거래소에서는 당신이 들어본 적이 없는 통화(LTC, FTC, TRC, PPC, XPM 등)와도 환전해줍니다.

거래소마다 BTC/USD 환율은 다릅니다! 어떤 거래소는 다른 곳보다 높은 가격으로 비트코인을 판매할 수도 있고 또 다른 거래소에서는 더 저렴한 가격으로 거래할 수도 있다는 말입니다. 그렇다면 공짜로 돈을 벌 수도 있을까요? 그럴 수도 있습니다. 만약 거래소 간의 격차가 상당하고, 이러한 가격 차이를 처음 알아차린 사람이 당신이라면 돈을 벌 기회가 있습니다. 그러나 돈을 거래소로 입출금하는 일과 그 일에 투자해야 하는 당신의 시간과 노력을 떠올려보면 완전한 무료가 아니라는 사실을 알 수 있습니다. 다른 사람들도 거래소 간의 시세 차이를 발견하고 중재 거래arbitrage라고 알려진 차익 거래를 통해 공짜로 돈을 벌고자 할 것입니다. 거래소 간의 가격 차이는 거래에 드는 비용과 환전 비용 등의 요인으로 인해 발생합니다. 만약 어떤 거래소의 비트코인 환율이 다른 모든 거래소의 비트코인 환율과 크게 다른 경우, 뭔가 문제가 있다는 뜻이므로 이러한 거래소는 피해야 합니다.

또한 거래소는 은행이 아니라는 걸 기억해야 합니다. 통화로든, 비트코인으로든 거래소의 계좌에 거액을 남겨서는 안 됩니다. 비트코인을 구입한 후에는 개인 비트코인 지갑으로 돈을 옮겨 보관해야 합니다.

거래소에서 비트코인 구매하기

현존하는 비트코인 거래소 중 어떤 거래소가 다른 거래소들보다 압도적으로 좋다고 말하기는 어렵습니다. 그러므로 비트코인 거래소를 이용할 때 일반적으로 거치는 단계에 대해 알아봅시다.

1단계: 계정 설정 및 은행 계좌 연결

거래소에서 비트코인을 구입하는 시작 단계는 코인베이스를 이용할 때와 그리 다르지 않습니다. 거래소 웹사이트로 이동하여 계정을 만든 다음, 계정을 은행 계좌에 연결해야 합니다. 일부 거래소는 은행 계좌에 직접 연결되지 않는 경우도 있는데, 이 경우에는 은행 계좌나 다른 방법을 통해 거래소의 계좌로 송금해야 합니다.

2단계: 당신의 거래소 계정으로 현금 이체

비트코인 거래소는 교환 중개인과 달리 직접 돈을 송금하지 않습니다. 비트코인을 사기 위해서는 거래소의 웹사이트에 접속한 뒤 웹사이트에 연동된 계좌로 돈을 먼저 보내야 합니다. 이렇게 송금한 돈으로 비트코인을 구매할 수 있습니다.

3단계: 비트코인 주문

거래소 계정에 돈을 송금했다면, 이제 비트코인 주문을 넣고 거래소 시장에 참여할 수 있습니다. 일반적으로 거래소 웹사이트에서 시장가 주문market order과 지정가 주문limit order을 선택하여 입력합니다. 두 유형의 속성을 살펴보고 어떤 주문이 당신에게 적합한지 판단해야 합니다.

시장가 주문market order

시장가 주문을 하면 최적의 가격으로 비트코인을 즉시 구매할 수 있습니다. 시장가 주문의 장점은 거래가 신속하게 이루어져 비트코인을 기다릴 필요가 없다는 것입니다. 만약 당신이 비트코인 가격이 곧 올라갈 거라고 믿는 상황이라면, 주문을 빠르게 진행할 수 있다는 것은 큰 장점으로 작용할 게 분명합니다.

그러나 시장가 주문에는 몇 가지 단점이 있습니다. 보통 비트코인을 빨리 얻기 위해 어떠한 가격이라도 괜찮다는 조건을 달고 시장가로 주문을 넣습니다. 그렇기에 비트코인 가격이 일시적인 상승을 보일 때 주문이 체결되면, 예상보다 훨씬 높은 가격을 지불하게 될 수 있습니다.

어떤 상품이든 적은 양으로 거래되는 경우 가장 비싼 가격과 가장 저렴한 가격의 차이가 크게 벌어지는 것도 시장가 거래의 단점입니다. 매매자들은 매수와 매도 가격의 평균을 내고 상품에 적절한 가격을 결정합니다. 상품 가격에 큰 격차가 있을 때 시장 구매 가격으로 상품을 구입하면, 이론상의 가격보다 상당히 큰 금액을 지불하게 됩니다. 따라서 대량으로 거래되는 상품, 즉 가격 차이가 크지 않은 상품에 한해서만 시장가 주문을 하는 게 좋습니다. 대체로 비트코인은 대형 거래소에서 상대적으로 높은 거래량을 보입니다. 따라서 누군가는 비트코인을 즉시 얻는 대가로 약간의 추가금을 지불하는 것을 별로 개의치 않을 수도 있습니다.

시장가 주문 시 다른 사람이 당신의 거래에 대해 0.1초라도 먼저 알게 되면 거래 정보를 바탕으로 당신의 주문을 교묘하게 조작할 위험이 있습니다. 거래소 관계자나 당신의 주문에 대해 사전에 알고 있는 회사 사람이 주문이 처리되기 전에 비트코인을 구매한 다음 가격을 높여서 당신에게 재판매할 수 있기 때문입니다.

TIP

아마 월스트리트의 고주파 거래에 대해 들어본 적이 있을 겁니다. 그중 일부는 시장가 주문과 비슷한 기법을 사용합니다.

지정가 주문 limit order

지정가 주문으로 비트코인을 구입한다는 것은 비트코인당 일정 금액 이상을 지불하고 싶지 않으며, 그 가격 조건이 충족될 때까지 기다릴 용의가 있다는 의미입니다. 비트코인 구매자들은 보통 희망 구매 가격을 시장 가격보다 낮게 정합니다. 그리고 목표만큼 가격이 떨어질 때까지 기다립니다. 지정가 주문은 주문이 접수된 후 비트코인 가격이 계속 올라가면 비트코인 구매가 이루어지지 않는다는 단점이 있습니다. 그러나 일반적으로 비트코인 시장에서는 시장 가격의 변동이 자주 일어납니다. 그래서 최근 거래 가격에 근접하게 설정된 지정가 주문들은 일정 시간이 지나면 대부분 실행됩니다.

비트코인을 얻기까지 시간을 조금 더 들여야 하며, 주문이 체결되지 않을 수 있다는 사실에도 불구하고 지정가 주문은 시장가 주문보다 더 많은 장점이 있습니다. 그러므로 비트코인을 얻기 위해 기다릴 여건이 된다면 지정가 주문을 사용하는 게 가장 좋습니다.

지정가 주문 시에는 구매자가 가격의 상한선을 정하기 때문에 예기치 않게 높은 가격으로 비트코인을 사게 될 일은 없습니다. 또 다른 장점은 거래소의 거래량이 적어도 괜찮은 가격으로 거래를 할 수 있다는 점입니다. 나쁜 마음을 먹은 누군가가 당신이 지정가 주문을 걸어 놓은 사실을 알더라도 이를 악용하기가 몹시 어렵다는 것 또한 장점입니다.

마지막으로 거래소 운영자가 지정가 주문을 시장가 주문으로 간주한다는 것이 큰 이점입니다. 지정가 주문이 새로운 가격을 테이블에 올려 상품의 가격 차를 좁히는 것이라면, 시장가 주문은 테이블에 올려진 가격으로 상품을 구입하여 가격 차를 넓히는 것입니다. 대부분의 비트코인 거래소에서 시장가 주문과 지정가 주문에 동일한 수수료를 부과하지만, 다른 금융 시장에서는 지정가 주문이 거래소 운영자에게 혜택이기 때문에 지정가 주문에 대한 수수료는 저렴하게 책정하기도 합니다. 따라서 훗날 비트코인 거래소에서는 비트코인에 대해 지정가 주문을 하는 사람들에게 특별 할인을 제공할 것으로 예측됩니다.

비트코인을 재미있게 구매하는 방법

앞서 말했듯이 비트코인을 재미있고 미래지향적인 방법으로 구입하는 방법은 개인 간에 직거래를 하는 것입니다. 오늘날 온라인으로 비트코인 판매자를 찾는 건 어려운 일이 아닙니다. 비트코인에 관심이 있는 다른 사람들을 만나서 대화를 나누면 굉장한 재미를 느낄지도 모릅니다. 물론 낯선 사람과 금융 거래를 할 때 발생하기도 하는 위험한 일들을 생각하면, 모든 사람에게 이러한 거래를 추천하고 싶지는 않습니다. 그러나 우리는 현재 다양한 분야에서 사람과 사람 사이에 직접 거래가 이루어지는 직거래의 르네상스 시대에 살고 있습니다.

객실 임대 서비스 에어비앤비Airbnb, 자동차 렌트 서비스 투로Turo, 아동복 재판매 사이트 막시 진Moxie Jean과 같은 기업들은 고객들에게 이러한 거래가 신뢰할 만하다는 사실을 입증했습니다. 사기 행위를 줄이기 위한 온라인 등급 시스템이 구축된다면, 낯선 사람들 간의 금융 거래가 상대적으로 안전하게 진행될 수 있을 것입니다.

이러한 사실은 비트코인 혁명의 핵심 교훈 중 하나를 보여줍니다. 기술은 하향전달 구조의 전통적인 회사와 정부에 덜 의존하고 사회를 분권화하며, 사람들이 여러 유용한 업무를 수행하도록 돕는 역할을 할 수 있습니다. 그렇기 때문에 개인 대 개인 간의 비트코인 거래는 미래에 당연한 일이 될 가능성이 있습니다. 언젠가는 이 거래 방법이 다른 어떤 비트코인 구매 방법보다 빠르고 안전하고 효율적인 방법이 될 것입니다.

1단계: 판매자 찾기

친구와 가족에게 비트코인을 교환할 생각이 있는지 묻는 것으로 비트코인 판매자를 찾는 작업을 시작할 수 있습니다. 삼촌, 조카, 사촌의 가장 친한 친구 중 많은 양의 비트코인을 가진 사람이 있을지도 모릅니다. 또한 LocalBitcoins.com에서 관리하는 지역 비트코인 목록을 검색해서 당신이 사는 지역에서 비트코인을 직거래하려는 사람을 찾을 수도 있습니다.

낯선 사람과 직거래할 때 그 사람의 이전 비트코인 거래 기록을 확인하는 것이 좋습니다. LocalBitcoins.com에는 거래 상대를 결정하는 데 도움이 되는 등급 시스템이 있습니다. 판매자에 대한 충분한 정보가 없다면 처음에는 소량만 구입하는 것도 괜찮은 방법입니다.

2단계: 거래 장소 결정하기

비트코인 직거래는 공공장소에서 하는 것이 좋습니다. 가장 보편적인 장소는 카페입니다. 현금을 많이 소지하고 있어서 차를 가지고 간다면 공공장소에 주차하는 게 좋습니다.

더 많은 안전장치를 원한다면 몇 가지 추가 사항들을 생각해볼 수 있습니다. 일부 은행은 비즈니스 거래를 위한 회의실을 대실해주기도 합니다. 회의실 이용이 가능한지 은행에 직접 물어보는 것도 하나의 방법입니다(이 경우 수수료가 부과될 수 있습니다).

TIP 규모가 큰 비트코인 거래의 경우 비공식 절차에만 의존해서는 안 됩니다. 법적 대리인을 세우고 정식 계약서를 작성한 다음 법률 사무소에서 거래하는 편이 현명합니다.

3단계: 거래하기

카페에서 판매자와 대면하고 있다고 가정해봅시다. 어떤 일이 벌어질까요? 비트코인 에스크로(거래 신뢰를 보호하는 제3자 보증 서비스 - 옮긴이) 서비스를 사용하는지 여부에 따라 달라질 것입니다. 우선 에스크로 서비스를 사용하지 않는 거래부터 살펴봅시다(개인 대 개인의 거래는 대체로 에스크로 서비스 없이 수행됩니다).

에스크로 서비스가 없는 비트코인 직거래

관습상 온라인 광고를 게시한 사람에게 구매자가 먼저 비트코인이나 현찰을 전달합니다. 그다음 비트코인 판매자는 정확한 개수의 비트코인을 구매자의 비트코인 지갑에 해당하는 공개 비트코인 주소로 보내게 됩니다. 이때 구매자는 판매자에게 합당한 거래 수수료를 요청해야 합니다(현재 합리적인 수수료는 0.0001BTC입니다). 몇 초 이내에 스마트폰이나 인터넷이 연결된 노트북으로 구매자의 지갑에 비트코인이 송금됐다는 알림이 올 것입니다. 적은 비트코인이 오가는 거래라면 이제 거래가 완료됐다고 볼 수 있습니다! 그러나 규모가 큰 거래는 블록체인에서 추가 확인이 될 때까지 판매자와 구매자가 함께 기다려야 합니다. 첫 번째 거래 확인 알림은 약 10분 이내에 도착하며 이는 돈이 올바르게 이전됐음을 보장합니다. 대단히 큰 금액이 오가는 거래의 경우에는 안전을 위해 최대 6번의 확인(대략 60분 소요)을 거칠 수 있습니다.

직거래에서 발생하는 문제

판매자가 합법적인 거래 기록을 보유하고 있는 대부분의 경우 거래는 성공적으로 이루어집니다. 그러나 드물게 문제가 발생하기도 하는데 문제의 유형은 두 가지로 정리할 수 있습니다. 하나는 거래 장소로 향하던 길에 소매치기나 강도를 당하는 일입니다. 이는 판매자가 의도적으로 도둑질을 하기 위해 거래를 요청한 상황에 해당합니다. 이러한 위험을 피하려면 판매자가 당신의 외모나 차량에 대한 세부 정보를 지나치게 요구하지는 않는지 확인해야 합니다. 판매자의 태도가 의심스럽다면 조심할 필요가 있습니다.

또 다른 문제는 다음과 같이 진행됩니다.

당신: 자, 여기 500달러입니다.

사기꾼: 알겠습니다. 방금 당신의 주소로 비트코인을 보냈습니다. 거래는 끝났으니 이만!

당신: 잠깐만요. 돈이 도착했다는 메시지를 받지 못했는데요.

사기꾼: 저는 제대로 보냈어요. 당신이 초보자여서 절차를 몰라서 그래요. 돈이 들어오기까지 한 시간 정도 기다려야 할 것입니다. 왜냐하면 (……). 어쨌든 나는 온종일 여기서 기다릴 수 없고 만약 일이 잘못되면 당신 탓이네요. 그럼 이만!

이러한 상황은 거의 발생하지 않지만, 이런 경우 상대방은 명백히 절도죄를 저지른 것입니다. 믿을 만한 평판을 가진 판매자들만 상대한다면 미리 방지할 수 있는 일입니다. 혹은 비트코인 에스크로 서비스를 이용하면 이러한 일들을 피할 수 있을 것입니다.

에스크로 서비스를 활용한 비트코인 직거래

비트코인의 이점 중 하나는 비트코인 블록체인에 내장된 스크립트 언어를 기반으로 편리하고 안전한 기술을 사용할 수 있다는 것입니다. 다중 서명 거래는 이러한 기술 중 하나로 안전한 비트코인 거래를 구축하는 역할을 합니다. 다중 서명 거래는 거래가 완료되기 전에 여러 사람이 결제에 동의하는 방식으로 이루어집니다. 금융권에서는 이를 바탕으로 비트코인 에스크로 서비스를 설정할 수 있습니다. 에스크로 서비스는 제3자가 일정 거래금을 보유하고 있다가 거래가 순조롭게 진행된 이후에 거래금을 판매자에게 전송하는 서비스입니다. 그러나 다중 서명 거래는 전통적인 에스크로 서비스보다 더 정교합니다. 기존의 에스크로 서비스에서는 제3자가 돈을 받고 도망칠 수 있지만 다중 서명 거래에서는 이론적으로 불가능한 일입니다. 제3자는 실제로 돈을 완벽하게 통제할 수 없으며 단순히 구매자나 판매자가 거래금을 받을 자격이 있는지 없는지만 판단하기 때문입니다. 또한 다중 서명 거래는 비트코인 시스템에 이미 장착돼 있어서 굉장히 저렴한 가격으로 이용할 수 있습니다.

TIP 다중 서명 거래와 에스크로 서비스는 유사하지만 별개의 기술입니다. 그러나 순조로운 설명을 위해 다중 서명 거래를 에스크로 서비스라는 용어로 지칭하겠습니다.

비트코인 에스크로 서비스를 설정하는 일반적인 방법 중 하나는 비트레이티드[8]를 무료로 사용하는 것입니다(물론 수수료를 요구하는 독립된 중재자를 찾아야 합니다). 또한 LocalBitcoins.com은 비트코인의 다중 서명 기능을 사용하지는 않지만, 그와 유사한 에스크로 서비스를 제공합니다. 이 서비스의 경우 비트레이티드를 사용하는 것보다 비용이 많이 듭니다.

대부분의 개인 간 거래는 비트코인 에스크로 서비스 없이 진행됩니다. 그렇기에 이 서비스를 사용하려는 경우, 판매자가 이 서비스를 이용하는 데 동의하는지 확인해야 합니다. 모든 사람에게 이 절차가 익숙한 것은 아니기 때문입니다. 만일 구매자와 판매자가 에스크로 서비스 사용에 동의하면 다음과 같은 방식을 통해 직거래가 이루어집니다.

1. 비트코인 판매자는 비트코인을 에스크로 서비스로 보냅니다.

2. 구매자는 비트코인이 약속대로 에스크로 서비스 계정에 들어왔는지 확인합니다.
3. 구매자는 현찰(또는 다른 현금 통화)을 판매자에게 건네줍니다.
4. 판매자가 에스크로 서비스에 서명하고 구매자는 비트코인을 받습니다.

이처럼 판매자가 직접 본인의 비트코인을 외부로 보내지 않고는 구매자의 돈을 받을 수 없도록 장치가 되어 있습니다.

사토시 스퀘어

만약 낯선 사람과 개인 대 개인로 만나는 게 불편하다면 사토시 스퀘어 행사에 관심을 가져볼 수 있습니다. 뉴욕, 샌프란시스코, 보스톤, 토론토, 밴쿠버와 같은 몇몇 주요 도시는 많은 사람이 모여서 비트코인을 서로 사고파는 비트코인 교환 행사를 정기적으로 진행하고 있습니다. 이 행사의 이름인 '버튼 우드 거래소buttonwood exchanges'는 1700년대에 월스트리트에서 체결된 버튼 우드 협약에서 유래했습니다.

적합한 구매 방법 탐색하기

이 장에서 논의한 비트코인 취득 방법 중 당신에게 적합한 방법이 없는 것 같다면, 비트코인을 가진 사람에게 물건을 판매하고 비트코인을 취득하는 방법도 있습니다. 열성적인 비트코이너들은 언젠가 화폐를 쓰지 않게 되는 날을 꿈꾸곤 합니다. 비트코인 자체가 돈이기 때문입니다. 다른 돈으로 비트코인을 구입할 필요가 없어지는 날을 우리도 한번 상상해봅시다.

6장

비트코인 채굴

앞서 언급했듯이 새로운 비트코인은 채굴을 통해 만들어지며, 비트코인 채굴은 금을 캐는 것과 비슷한 지점이 있습니다. 비트코인 채굴과 금 채굴 모두 시간과 노력이 필요합니다. 금광 채굴에는 물리적 노동력이 들지만, 비트코인 채굴에는 전기와 계산 노동력이 필요합니다. 각 블록에서 채굴되는 새 비트코인의 수는 시간이 지날수록 서서히 줄어들고 있으며 2,100만 비트코인이 모두 발굴될 때까지 계속해서 감소할 것입니다. 하지만 금을 캐는 채굴과 달리 비트코인 채굴자들은 채굴로 얻을 수 있는 비트코인이 얼마나 남았는지 정확히 알고 있습니다. 2140년에는 모든 비트코인의 채굴이 완료될 것으로 예상됩니다.

비트코인을 채굴하는 것은 이론상 수익을 낼 수 있는 활동이지만, 채굴을 통해 이윤을 내는 것은 어려운 일이며 위험이 따르기도 합니다. 그렇다면 비트코인을 꼭 직접 채굴해야만 할까요? 아마 안 하는 게 나을 것입니다. 이 장에서는 채굴의 어려움과 위험 요소들을 살펴보겠습니다. 경제적으로 의미 있는 양의 금을 채굴하려면 높은 수준의 전문 지식, 값싼 노동력과 전기, 상당한 자본이 있어야 하며 투자 수익률을 위해 몇 년을 기다리는 과정도 필요합니다. 비트코인 채굴은 전문가에게 맡기는 편이 좋습니다. 만약 이익에는 별 관심이 없지만, 재미로 비트코인을 채굴해보고 싶다면 물론 가능합니다!

비트코인 채굴이 필요한 이유

새 화폐를 생성할 때 공통으로 발생하는 문제가 있습니다. 새로 주조된 돈을 어떻게 분배할지 결정해야 한다는 것입니다. 만약 정부가 돈을 만든 주체라면 이 문제는 쉽게 해결됩니다. 정부는 단순히 그 돈을 정부 서비스를 위해 사용할 수 있기 때문입니다. (혹은 미국처럼 정부가 연방준비제도와 재무부 채권이 포함된 복잡한 단계를 거쳐서 화폐를 분배하거나 주조 공정에서 생성된 정부 자본을 소비하도록 하는 방법도 있습니다.) 비트코인처럼 중앙 지점이 없는 분산 통화를 분배해야 한다면 문제는 복잡해집니다. 그러나 비트코인 시스템은 사토시가 설계한 천재적이고 합리적인 유통 방법을 갖추고 있습니다. 비트코인은 네트워크를 보호하기 위해 컴퓨터 계산 작업을 기꺼이 실행하는 채굴자들에 의해 분배됐습니다.

비트코인 네트워크를 보호하기 위해서는 노력, 시간, 돈이 필요합니다. 그렇기에 채굴하는 사람은 누구나 금전적인 인센티브를 받을 자격이 있습니다. 채굴자들에게 인센티브로 비트코인을 제공하는 사토시의 전략은 새로 주조된 코인을 나누어주는 분산 메커니즘으로 작용했으며 채굴 과정을 통해 자체적으로 네트워크를 보호하는 공동체를 만들었습니다. 어떻게 채굴이 비트코인 네트워크를 보호할 수 있는지 이해하는 데 도움이 될 짧은 이야기를 하나 들려드리겠습니다.

두 장군 이야기

"뚱땡이 왕이 죽었다!" 사람들은 왕이 죽은 날 크립토빌의 영토 안에서 소리쳤습니다. 왕국의 소작농들에게 잔인하게 굴었던 카를 왕은 백성들에게 민심을 잃은 지 오래였습니다. 그의 아들 크롤리는 카를 왕이 죽은 날 왕위에 올랐으며, 안타깝게도 그는 사람들에게 아버지와 다를 바 없는 왕으로 여겨졌습니다.

북쪽 장군과 남쪽 장군은 군주제를 폐지하려는 계획을 함께 세웠습니다. 두 장군은 성벽 밖의 땅을 빠르게 정복했습니다. 이제 남은 것은 오직 크립토빌 성 점령뿐이었습니다!

두 장군의 군대는 각각 성의 남쪽과 북쪽에 모였습니다. 성의 동쪽과 서쪽에는 가파른 절벽으로 된 크래글리 산맥이 있었습니다. 긴 세월 동안 이 험난한 산맥에서 많은 크립토빌 사람들이 목숨을 잃었습니다.

성의 남쪽에서 장군이 소리쳤습니다. "지금이다! 지금 공격해야 해! 북쪽에 전갈을 보내서 공격을 시작해야겠어!" 그러나 그 순간, 남쪽 장군은 고민에 빠지고 말았습니다. 만약 크래글리 산맥을 넘는 전령에게 불상사가 생겨서 메시지를 전달하지 못하게 된다면? 남쪽 장군 혼자 성을 공

격하다가 적에게 패하게 될 수도 있었습니다. 그래서 남쪽 장군은 계획을 수정했습니다. "북쪽에 공격하라는 메시지를 보내고 북쪽 장군에게 메시지를 제대로 받았다는 답변을 보내 달라고 요청해야겠다!"

북쪽 장군은 그 메시지를 받고 이렇게 선언했어요. "좋았어! 우리는 반드시 승리할 거야! 자, 이제 메시지를 확인했다고 남쪽에 알려야지. 아, 나도 남쪽 장군한테 내 메시지를 받았다는 확인서를 요청해야겠다. 나 혼자 성을 공격하고 싶지는 않으니까."

확인서를 받은 남쪽 장군은 "순조롭군. 이제 우리는 준비가 다 됐어. 북쪽 장군이 내 확인서를 받았다는 확인서를 보내주기를 기다리기만 하면 되겠다. 그 대답을 듣고 공격을 개시하면, 우리는 내일쯤 승리하겠지!"

그날 밤, 크롤리 왕의 심복들이 북쪽과 남쪽 진영에 잠입해서 자고 있던 양쪽 장군을 제압했습니다.

비트코인이 어떻게 이 문제를 풀 수 있나?

두 장군은 공격 계획에 대한 합의를 이뤄야 했습니다. 하지만 그들은 위험한 산을 넘지 않고는 의사소통을 할 수 없었습니다. 메시지가 제대로 전달되고 있는지 의심을 품은 두 장군은 확인을 위한 또 다른 확인의 고리를 계속해서 만들었고, 이는 그들을 파멸로 이끌었습니다. 장군들이 공격 시간을 조율하기 위해 다른 전략을 쓸 수는 없었을까요?

앞에서 소개한 두 장군의 이야기는 비트코인이 존재하기 훨씬 전에 연구됐던 수학 퍼즐을 바탕으로 재구성한 것입니다. 이야기에서 한 장군은 다른 장군이 공격에 참여하는 데 동의했다는 것을 100% 확신할 수 없었습니다. 이는 수학적으로 증명할 수 있는 사실입니다.[9]

'비잔틴 장군 문제'라고 하는 수학 퍼즐은 앞의 이야기보다 더 널리 알려져 있습니다. 더 많은 수의 장군이 등장한다는 것만 제외하면 동일한 내용입니다. 퍼즐에서 장군들은 서로의 메시지를 신뢰하지 못합니다. 크롤리 왕에게 넘어간 장군이 다른 장군들에게 잘못된 정보가 담긴 메시지를 보낼 수도 있다고 추측하는 것이죠.

이는 탈중앙형 암호화 화폐에서 네트워크를 통해 전송된 비트코인 거래들 중 어떤 것이 유효한지 확인해야 하는 문제와 같다고 볼 수 있습니다. 두 개의 상충하는 거래 내용이 네트워크를 통해 전송됐고, 두 거래 내용에 동일한 코인이 포함된 경우, 그중 어떤 거래가 우선권을 가져야 할까요? 비트코인은 비잔틴 장군 문제에 대한 확률론적 해결책을 제시합니다. 비트코인 시스템에서 비잔틴 장군 문제를 어떻게 해결하는지 살펴봅시다.

장군들은 계산 자원을 필요로 하는 블록을 해결하고 이를 채굴할 필요가 있습니다. 이 블록들에는 공격이 시행될 정확한 시간이 적혀 있습니다. 장군들은 또 다른 블록이 완성됐다는 것을 알게 되는 즉시, 독립된 새 블록을 만드는 노력을 중단하게 됩니다. 대신 각 장군은 '나는 A, B, C 장군이 블록 내의 시간에 동의했다는 것을 확인했다'는 메시지가 포함된 블록을 만들어야 합니다. 다른 장군들은 이 새로운 블록과 연결되는 블록을 만들고 그 블록에 'A, B, C 장군이 메시지를 확인했다는 것을 X, Y, Z 장군이 확인했다는 게 확인됐다'는 메시지를 담아야 합니다. 이러한 과정이 계속되면 블록체인이 형성됩니다. 이는 초기 블록(창세기 블록)에 제시된 시간에 무게를 더해줍니다. 사토시는 비트코인을 만든 직후 블록체인의 이러한 전략에 대해 설명한 적이 있습니다.[10]

이 알고리즘과 관련된 몇 가지 질문이 남아 있습니다. 확인서 위에 확인서들을 계속해서 쌓는 작업이 무의미한 것은 아닐까요? 놀랍게도 대답은 '아니오'입니다. 블록 생성에 수반되는 계산 작업에 의해 생성된 모든 새로운 블록은 전체 장군이 보유한 총 계산 능력에 대한 통계 정보를 제공합니다. 결과적으로 주어진 창세기 블록이 다른 창세기 블록보다 약 6개의 확인을 더 얻는 경우, 대다수의 장군이 제안된 공격 시간에 동의한다는 확신이 생깁니다. 하지만 이는 확률에 기반한 해결책이기에 확실성은 항상 100%가 안 되며, 이는 기존의 두 장군 사이의 문제가 이론적인 의미에서는 여전히 해결되지 않은 것으로 간주되는 이유이기도 합니다. 그러나 사토시의 접근 방법으로 확실성은 100%에 근접할 수 있게 됐습니다.

하지만 이러한 블록체인 시스템을 통해 장군들의 공격 시간을 조정하는 데는 여전히 미묘한 결함이 있습니다. 어느 게으른 장군이 블록을 채굴하지 않으면서 네트워크를 속일 수 있기 때문입니다. 왜냐하면 문제를 해결하면 블록이 무작위로 부여되기 때문에 누군가 전체 과정이 진행되는 동안 전기료를 아끼기 위해 컴퓨터를 꺼놓는다고 해도 여전히 혜택을 누릴 수 있기 때문입니다. 심지어 누구도 그 장군이 의무를 회피했다는 것을 발견할 수 없습니다. 오로지 몇몇 참가자들만 성공적으로 블록을 채굴하기 때문입니다. 하지만 사토시는 비트코인 시스템에 이 무임승차 문제를 해결하는 세부 사항을 추가했습니다. 채굴자들에게 보상으로 비트코인을 지급하는 것입니다! 업무 증명 작업에 대해 크게 보상함으로써 비트코인 네트워크는 적절한 수의 채굴자들을 항상 유지할 수 있게 됐습니다.

이제 비트코인 채굴의 개념과 중요성에 대해 알게 되었습니다. 다음으로 비트코인 채굴이 네트워크 공격을 막는 데 어떤 도움을 주는지, 어떻게 새로운 화폐의 유통이 가능해지는지 자세히 알아보겠습니다.

채굴을 통한 공격 방지

채굴은 어떻게 공격을 막을까요? P2P 결제 네트워크를 설계할 때 설계자는 네트워크의 어떤 사용자가 다른 사용자를 속이려고 하며, 네트워크의 모든 사용자가 자신의 이익에 따라 행동한다고 가정해야 합니다. 그래야 네트워크의 허점을 잘 잡아낼 수 있기 때문입니다. 비트코인 네트워크에는 어떤 문제가 생길 수 있을까요? 누군가 자신에게 100만 개의 비트코인을 할당하는 거래 내역을 생성할지도 모릅니다. 하지만 블록체인에는 모든 비트코인 계좌에 대한 공개 기록이 존재하기 때문에 본인 것이 아닌 돈을 가지려고 한다면 누구나 쉽게 이를 식별할 수 있습니다. 즉, 그 누군가가 100만 개의 비트코인이 들어 있는 비트코인 주소를 사용하는 거래에 유효한 서명을 제공할 수 없다면 비트코인 네트워크의 다른 노드는 이 거래를 받아들이지 않을 것입니다.

그러나 더 어려운 문제는 네트워크 사용자가 자신의 (디지털 서명을 생성할 수 있는) 비트코인 거래 내역을 포함하는 하나의 원장을 생성한 뒤, 곧바로 해당 비트코인을 전혀 사용하지 않은 (또는 다른 사람에게 보낸) 두 번째 장부를 만드는 경우에 발생합니다. 이를 악용하려는 사용자는 우선 당신에게 비트코인을 전송하는 거래를 블록체인에 추가한 후, 당신이 판매하는 물품, 예를 들어 케이크를 받고서 그런 거래가 전혀 일어나지 않은 새로운 장부를 만들 수도 있습니다. 이런 경우 두 번째 장부는 첫 번째 장부와 충돌을 일으킬 것이며, 어떤 장부가 옳은 것인지 논란이 일어나게 됩니다. 당신이 상대방에게 케이크를 줬기 때문에 당연히 첫 번째 장부가 정확하고, 그렇기에 나중에 생성된 장부는 무효로 처리돼야 합니다. 하지만 네트워크의 사용자들(특히 악의적인 의도를 가진 사람들)은 어느 장부가 먼저인지에 대해 엇갈린 의견을 내놓을 수 있습니다. 또한 중앙 당국이 없기 때문에 어떤 거래가 옳은지 판결을 내리기 어려워집니다. 하지만 비트코인 채굴이 거래의 우선순위 문제를 해결해주기 때문에 어느 거래가 먼저 수행되었는지 모두 알아낼 수 있습니다.

모든 비트코인 사용자는 네트워크의 다른 사용자로부터 끊임없이 블록을 받습니다. 이러한 블록들은 비트코인 블록체인에서 서로 다른 경쟁 가지들branches의 일부일 수 있습니다. 참 장부true ledger의 관점에서 보면 서로 상충하는 경우도 있습니다. 따라서 모든 사용자의 컴퓨터에서 실행 중인 소프트웨어는 네트워크에 나타나는 블록들을 지속적으로 평가하여 어떤 블록이 가장 신뢰할 수 있으며, 블록체인의 일부가 될 가능성이 높은지 결정하게 됩니다. 이 결정은 어떻게 이루어지는 걸까요?

모든 사용자의 컴퓨터는 블록이 가장 많은 블록체인, 즉 가장 긴 블록체인을 선택하는 간단한 방법으로 이를 결정합니다. 가장 긴 블록체인이 가장 오래된 블록체인입니다. 12개의 블록이 있는 블록체인은 7개의 블록이 있는 블록체인보다 더 오래전에 만들어졌습니다. 그러나 악의를 가진 사용자가 두 번째 장부를 만들고 즉시 10개 이상의 블록을 추가하여 두 번째 장부를 첫 번째 장부보다 길게 만드는 경우에 이 방법으로는 더 신뢰할 수 있는 블록체인을 가려내지 못합니다.

이 때문에 비트코인 소프트웨어는 경쟁 가지들에 각 블록을 추가할 때 얼마나 많은 계산 작업이 있었는지를 확인합니다. 블록을 추가하는 데 사용된 작업의 양은 쉽게 확인할 수 있습니다. 작업을 수행했다는 걸 증명할 수 있다는 의미에서 이를 작업 증명proof-of-work 알고리즘이라고 합니다. 보편적으로 '가장 많은 일'을 소유한 가지가 가장 긴 가지(즉, 블록이 가장 많은 가지)입니다. 이론적으로는 누군가 '쉬운' 블록이 많은 긴 가지를 만드는 방식으로 사기를 칠 수도 있지만, 그리 간단한 일은 아닙니다. 악의를 가진 사용자가 두 번째 장부를 만들어서 자신의 장부가 첫 번째 장부보다 먼저 만들어진 장부라고 다른 사용자들을 설득하려면, 네트워크상의 어떤 컴퓨터보다 빨리 블록을 추가할 수 있어야 합니다. 이 사기 행위에 성공할 수 있는 유일한 방법은 비트코인 전체 네트워크보다 더 많은 컴퓨터 성능을 제어하는 것입니다. 이러한 행위를 뜻하는 51% 공격51 percent attack이 지금껏 일어나지 않은 데에는 그럴 만한 이유가 있습니다.

51% 공격을 감행하려면 네트워크상의 다른 어떤 사람보다 비트코인 채굴에 더 많이 투자해야 합니다. 그렇게 해서 얻는 유일한 이점은 자

신이 소유한 비트코인을 두 배로 쓸 수 있다는 것입니다. 그러나 보상은 대단히 제한적입니다. 오히려 비트코인에 대한 사람들의 신뢰는 떨어지게 될 것이며, 공격을 수행한 사람의 비트코인은 평가 절하될 것입니다.

악의적인 공격자가 실제로 이러한 투자를 했다고 가정해보겠습니다. 장부를 남용하거나 채굴 보상을 받는 것 중에 더 수익이 높은 건 어느 쪽일까요? 비트코인 채굴의 경제적 인센티브는 채굴 보상의 손을 들어줍니다. 만약 누군가가 시스템을 남용할 힘을 실제로 축적하게 된다면, 그 힘을 정직하게 사용하여 다른 사람들보다 비트코인을 더 효율적으로 채굴하는 편이 훨씬 이득일 것입니다.

채굴을 통한 통화 분배

비트코인 채굴은 비트코인을 유통시키는 작용을 합니다. 새로운 화폐를 만들어 널리 유통하는 것은 쉬운 일이 아닙니다. 사토시는 처음에 2,100만 비트코인을 임의로 나누어줄 수도 있었습니다. 하지만 그랬다면 별다른 기준 없이 비트코인을 분배해야 했을 것입니다. 비트코인의 의미와 가치는 지금보다 훨씬 낮아졌겠죠.

비트코인은 총량이 정해진 화폐이기 때문에 채굴자들이 새로운 비트코인을 만들어낼 수는 없습니다. 이 말은 전체 비트코인이 생성되는 시점을 사토시가 정해야 했다는 것을 의미합니다. 만약 비트코인이 유통된 첫 해에 모든 비트코인이 생성됐다면, 초기 이용자들에게 지나치게 많은 혜택이 돌아갔을 것입니다. 반대로 비트코인이 너무 느리게 생성된다면, 비트코인에 새로 관심을 가지게 된 사람들이 이 이상하고 새로운 프로젝트에 그들의 컴퓨팅 파워를 쏟을 충분한 동기를 얻지 못했을지도 모릅니다. 또한, 만약 비트코인이 너무 느리게 생성돼 모두 채굴되기까지 수천 년이 걸린다면, 비트코인은 한정된 재화로 인식되지 않고 인플레이션 상태로 남아 있었을 것입니다. 그래서 사토시는 약 4년마다 절반씩 감소하는 속도로 1세기에 걸쳐 비트코인을 분배하는 계획을 세웠습니다. 비트코인의 총 개수가 2,100만 개에 이를 때까지 채굴하는 방식으로 말입니다.

다음 그래프는 2031년까지 유통될 총 비트코인 수를 보여줍니다. 유통량은 계속 늘지만, 블록 보상은 일정한 간격으로 절반씩 줄어들기 때문에 시간이 지날수록 비트코인 유통량이 증가하는 속도는 느려집니다. 채굴자가 보상으로 받는 비트코인은 향후 몇 년간 훨씬 더 줄어들 것입니다.

2,100만 비트코인의 대부분이 2031년 이내에 생성될 예정입니다. 그러나 아주 조금 남은 비트코인이 완전히 채굴되기까지는 그 후로도 엄청나게 오래 걸릴 것입니다. 두 그래프 중 아래의 그래프는 2169년까지의 비트코인 채굴 계획을 보여줍니다. 비트코인이 만들어진 지 5년 만에 큰 성공을 거둔 것은 사토시가 비트코인이 어떤 속도로 분배돼야 하는지를 명확하게 계산해냈다는 걸 시사합니다.

모든 비트코인이 채굴되면 비트코인 채굴은 더 이상 비트코인 생성을 목적으로 하지 않게 됩니다. 안전하게 거래를 처리하기 위한 메커니즘으로 남을 뿐이죠. 그때도 사람들은 비트코인을 계속 채굴할까요? 공용 장부는 어떻게 될까요? 비트코인 채굴자에게 주어지는 보상은 새로운 비트코인이 아닌, 이용자가 지불하는 거래 수수료(수년 내에 금액이 상당해질 수 있음)로만 구성될 것입니다.

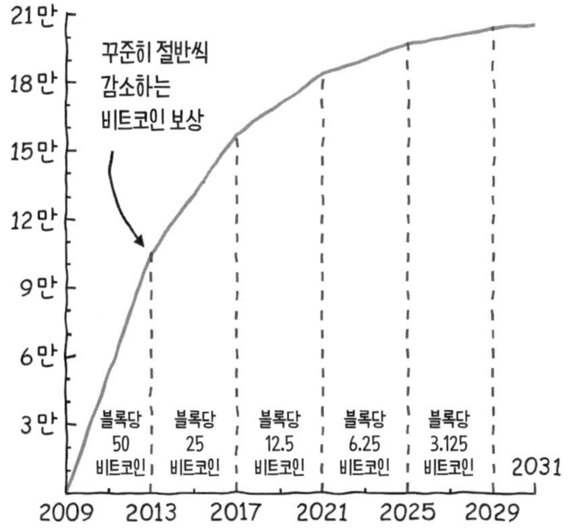

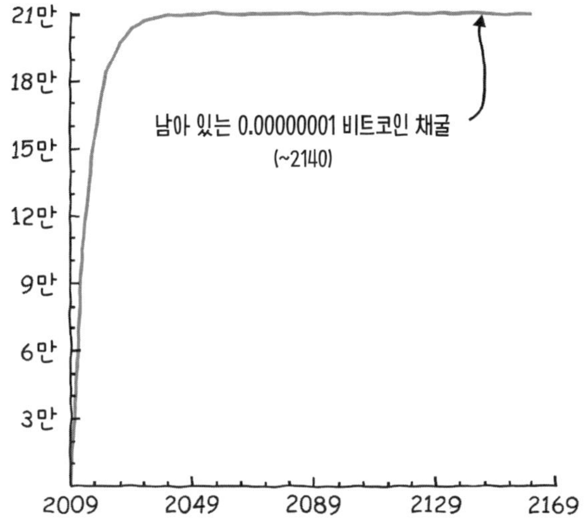

▶ 시간 경과에 따라 채굴되는 비트코인의 개수. 2031년까지 비트코인 채굴 보상 계획(위)과 2169년까지의 계획(아래).

채굴 작동 방식

비트코인은 전 세계의 컴퓨터 네트워크를 통해 끊임없이 새로운 거래를 알리고 중계합니다. 이 네트워크의 각 연결 지점 역할을 하는 장치를 노드node라고 합니다. 비트코인의 탈중앙화 특성 때문에 일부 노드는 네트워크 전체에 영향을 미치지 않고 정해지지 않은 시간에 나타나거나 사라지곤 합니다. 즉, 특별한 중앙 노드는 존재하지 않습니다.

노드는 세 종류로 나눌 수 있습니다. 거래 내역을 알리는 기능만 수행하는 공지 전용 노드, 거래 내역을 알리고 중계하는 공지·중계 노드, 거래 내역을 알리고 중계하고 새 블록을 생성하는 채굴 노드입니다. (비트코인 채굴도 가능하기에 '채굴 노드'라는 이름이 붙었습니다.) 여러 기능을 할수록 훨씬 많은 계산 자원이 요구되므로 채굴 노드가 제대로 작동하려면 고성능 컴퓨터가 필요합니다.

비트코인 노드의 일이 시작되면(컴퓨터에서 비트코인 소프트웨어를 실행하면) 컴퓨터는 인터넷을 통해 다른 노드와 연결하여 다소 무계획적이지만 강력한 메시 네트워크mesh network를 형성합니다. 메시 네트워크에는 트래픽을 관리하는 중앙 노드가 없습니다. 그렇기에 모든 노드는 네트워크를 통해 정보를 전파하는 역할도 수행합니다.

다음은 비트코인 메시 네트워크의 구성 요소입니다. 이 그림을 통해 비트코인으로 커피를 살 때 어떤 일이 일어나는지 알아볼 수 있습니다. 가장 기본 유형인 공지 전용 노드(그림에서 B로 표시)를 실행하는 경우가 대부분입니다. 거래 단계는 다음과 같습니다.

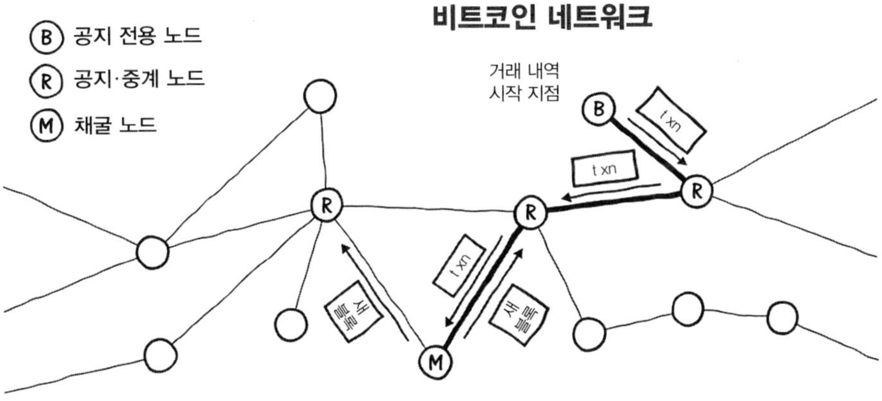

채굴 노드가 거래 내역을 받아서 블록에 더합니다.
이 블록을 이웃 노드에 공지합니다.

▶ 비트코인 네트워크 도면. 각 원은 노드를 나타내며 모든 노드는 네트워크를 통해 다른 노드와 연결.

1. 시작 노드(예를 들어 당신의 스마트폰)는 카페의 비트코인 주소로 당신의 비트코인을 송금하는 거래를 생성합니다. 그런 다음 이 노드는 즉시 이 거래 내역을 메시 네트워크의 컴퓨터(대부분 중계 노드)로 전송합니다.

2. 중계 노드는 이 거래 내역을 다른 중계 노드로 전파하여, 거래 내역이 네트워크의 모든 곳, 모든 사람에게 전달되도록 빠르게 일을 처리합니다. 중계 노드는 악성 거래 내역과 스팸 거래 내역을 경계해야 하므로 이는 간단한 과정은 아닙니다. 중계 노드가 모든 메시지를 무조건 전달한다면, 넘쳐나는 잘못된 거래 내역으로 인해 비트코인 네

트워크는 빠르게 붕괴할 것입니다. 따라서 모든 중계 노드는 거래의 형식이 올바른지, 유효한 서명이 있는지를 점검하고 최신 버전의 블록체인에서 사용 중인 돈이 거래의 원본 계정에 있는지 확인합니다.

3. 거래 내역이 중계 노드의 이러한 심사를 통과하면, 몇 초 내에 네트워크의 모든 채굴 노드에 도착하게 됩니다. 채굴 노드들은 이 거래 내역을 예비 블록에 추가하며 이를 채굴하려고 시도합니다.

4. 채굴에 성공하면 새로 채굴된 블록이 네트워크를 통해 알려지게 되고, 블록의 거래 내역이 확인되면 채굴자에게 채굴 보상이 제공됩니다. 일반적으로 블록을 채굴하는 데 몇 분이 걸리지만, 한 번 블록이 발견되면 몇 초 안에 전체 네트워크를 다시 수행합니다.

궁극적으로 모든 거래 내역은 블록체인에 기록됩니다. 따라서 공지만 수행하는 노드는 채굴 노드와 직접 연결하거나 중계 노드를 통해 간접적으로 채굴 노드와 연결해야 합니다. 각 채굴 노드는 더 큰 거래 수수료를 받는 거래를 선호하는 등 특정한 임의의 기준을 적용하여 거래를 채택할 수도 있습니다. 수수료가 너무 낮으면 일부 채굴 (또는 중계) 노드가 이 거래 내역을 무시할 수 있다는 말입니다. 그러나 일부 노드가 거래 내역을 무시한다고 해서 다른 노드들도 마찬가지로 이 거래를 무시하는 것은 아닙니다. 즉, 거래 내역을 받아들이는 채굴 노드를 찾는 한 거래 내역은 블록체인에 추가될 것입니다. 일반적으로 채굴 노드는 가장 많은 수수료를 얻기 위해 최대한 많은 거래 내역을 수집하려고 합니다. 각 거래의 수수료가 적더라도 한 블록에 수천 건의 거래가 포함될 수 있고, 채굴자에게 지급되는 수수료의 합계는 상당할 수 있습니다. 그러나 메모리 제한으로 인해 (메모리 제한에 대한 우려가 줄어들면서 최대한도가 증가하고 있지만, 제한 자체가 사라지진 않을 겁니다) 블록이 포함할 수 있는 거래의 수에는 한계가 있습니다. 이러한 이유로 어떤 채굴자들은 수수료가 너무 낮거나 수수료가 없는 거래를 무시하기도 합니다.

모든 채굴 노드가 거래 내역을 수집하여 블록으로 구성하려고 하지만 운이 좋은 한 노드만 블록체인에 블록을 추가하게 됩니다. 가끔 둘 이상의 채굴자가 동시에 새로운 블록을 추가해서 블록체인에 혼란을 일으키는 경우도 있지만, 어떤 가지가 더 많은 블록을 추가하는지에 따라 문제가 해결됩니다.

운 좋은 채굴자는 채굴에 대한 보상을 얻게 되는데 이 보상은 앞에서도 언급했듯, 블록 보상(각 블록의 새로 생성된 비트코인)과 추가된 블록에 대한 모든 거래 수수료를 합한 것입니다. 중계 노드와 블록을 추가하지 않은 채굴 노드는 어떤 거래 수수료나 비트코인도 얻을 수 없습니다.

블록을 추가할 채굴자가 선택되면 새 블록이 네트워크로 공지되고 다른 모든 채굴 노드들은 이전 블록을 찾던 작업을 중지하고 새 블록에 대한 작업을 시작합니다. 그렇다면 블록을 추가하는 행운의 노드는 어떻게 결정되는 걸까요? SHA256 해시함수에 대한 특수 입력 방식을 찾아서 블록을 푸는 노드가 행운의 노드가 됩니다.

채굴자들이 블록을 얻는 방법

비트코인 채굴에는 엄청난 연산력이 필요합니다. 이 연산력으로 채굴자들이 계산하는 건 무엇일까요? 채굴자들은 특정 정보가 약간 변경된 이중 SHA256 해시double SHA256 hash값을 반복적으로 계산하게 됩니다. 새로운 블록의 블록 헤더block header라고도 하는 이중 SHA256 해시는 암호 공학자 닐스 퍼거슨Niels Ferguson과 보안 전문가 브루스 슈나이어Bruce Schneier가 《실용 암호학Practical Cryptography》에서 길이 확장length-extension이라는 암호 해킹에 대비하고자 사용을 제안했습니다. 예를 들어 y가 SHA256(x)라면, SHA256(y)는 이중 해시입니다. 거래 내역을 포함한 블록이 생성되면 블록 헤더에는 블록이 생성된 시간, 블록 내의 거래 내역에 대한 해시값 등 블록에 대한 정보가 요약됩니다. 중요한 것은 블록 헤더에서 채굴자가 선택하는 논스a number used once, nonce라는 임의 숫자에 대한 필드입니다. 사실 이 부분이 채굴자가 완전하게 통제할 수 있는 유일한 부분입니다. 그러면 채굴자는 어떻게 논스값을 선택할까요?

블록체인의 일부가 되는 블록은 블록 헤더의 이중 SHA256 해시가 난이도 목표difficulty target라고 알려진 미리 결정된 어떤 임계값threshold보다 작은 숫자일 때 발생됩니다. 결과가 목푯값보다 크면 블록은 미해결 상태로 남게 됩니다. 이 경우 채굴자는 헤더에 포함되어 해시에 영향을 주는 논스값을 변경한 뒤 다시 계산을 시도해야 합니다. 암호화 해시 함수는 입력값에 아주 작은 변화가 있더라도 완전히 새로운 값을 출력해내기 때문에 채굴자가 논스값을 변경하면 전체 블록 헤더에 대한 새로운 해시가 생성됩니다. 따라서 논스값을 반복적으로 변경하다 보면 결국 목푯값보다 작은 해시값을 찾을 수 있게 됩니다. 일반적으로 채굴자는 논스값이 발견

될 때까지 논스값을 1씩 증가시키는 방식을 사용합니다. 임계값보다 작은 논스값이 발견되면 블록을 얻게 됩니다. 논스는 32비트 숫자일 뿐이므로 실제로 별도의 해결책 없이 모든 값을 소진할 수 있습니다. 모든 논스를 시도했는데도 블록이 여전히 풀리지 않으면 거래 목록에 숨겨진 엑스트라 논스extra nonce 필드가 증가합니다.

블록의 해부학

채굴자들의 행위가 전체 네트워크에 어떤 식으로 작동하는지 이해하기 위해 블록의 구조를 자세히 살펴보겠습니다. 최상위 수준에서 비트코인 블록은 기본적으로 네 부분으로 구성됩니다.

블록의 내부

1. 블록 크기 (예: 868KB)
2. 블록 헤더
3. 거래 숫자 (예: 1,278)
4. 거래 내역

블록 크기block size는 블록 상단에 있는 숫자로, 전체 블록의 크기를 나타냅니다. 블록의 나머지 부분에는 거래 수와 모든 거래의 목록이 저장됩니다. 이 거래 중 하나가 블록 보상인데 채굴자는 이 거래 내역을 추가하여 자신에게 새로운 비트코인을 할당할 수 있습니다. 이 비트코인은 아무것도 없는 상태에서 만들어집니다. 현재 존재하는 모든 비트코인은 이러한 블록 보상 과정을 통해 생겨난 것입니다.

블록 헤더는 논스를 포함하여 6개의 데이터 조각으로 구성됩니다.

블록 헤더 구조

1. 비트코인 버전 번호
2. 이전 블록 헤더의 이중 SHA256 해시
3. 블록 내 모든 거래에 대한 이중 SHA256 해시
4. 현재 타임스탬프
5. 목표 난이도
6. 논스값

버전 번호는 비트코인이 개선되어 향후 블록체인 구조에 큰 변화가 일어날 경우, 예전 형태의 블록과 새로운 형태의 블록을 용이하게 구분하기 위해 존재합니다. 다음으로 블록 헤더는 이전 블록 헤더의 해시값을 보관합니다. 이 값은 체인으로 블록을 연결하기 위해 반드시 필요한 필드입니다. 채굴자들은 한 블록을 채굴할 때 자신의 블록에 있는 거래들을 검증할 뿐 아니라, 이 버전의 체인을 구성하는 이전의 모든 블록에 있는 거래들도 검증합니다. 이 블록을 만들게 되면 채굴자는 "이것이 모든 비트코인 거래의 진정한 역사라고 믿고 있으며, 내 블록은 이전 채굴자가 만든 블록의 해시값에서도 알 수 있듯이 이전 채굴자들의 작업을 기반으로 구축된다"라는 내용에 동의하는 것과 마찬가지입니다.

헤더에는 현재 블록에 있는 모든 거래의 해시가 포함됩니다. 비트코인 네트워크의 노드가 네트워크의 다른 노드로부터 블록을 수신할 때 이 해시값을 통해 블록의 거래 내역이 변조되지 않았는지 확인할 수 있습니

다. 거래 내역의 해시는 이 필드의 값과 정확히 일치해야 합니다.

이후 블록이 생성된 시점을 나타내는 타임스탬프time stamp가 표시됩니다. 비트코인의 시간 개념은 우리가 사용하는 시간 개념과 다릅니다. 블록체인 내 채굴 블록은 기존의 순차 시계로 이해할 수 있는데, 특히 새로 채굴된 블록 형태만이 비트코인이 받아들이는 유일한 시간 개념입니다.

하지만 비트코인이 실제 시간을 인식해야만 하는 때도 있습니다. 블록 난이도를 설정하는 경우입니다. 블록 난이도는 이전 블록의 타임스탬프를 통해 주기적으로 계산되는데 이는 블록 헤더의 필드이기도 합니다. 비트코인은 대략 10분마다 새로운 블록이 해결되도록 설계되어 있고, 이에 따라 최근에 블록 간격이 얼마나 벌어졌는지 측정할 방법이 필요합니다. 타임스탬프 필드가 존재하는 이유가 이 때문입니다. 비트코인 난이도가 실제 시간에 따라 주기적으로 조정되지 않는다면, 화폐의 인기도에 따라 블록의 비율이 결정됩니다. 이에 따라 비트코인 네트워크가 지나치게 인기를 끌거나 또는 충분히 인기를 끌지 못한다면 네트워크가 불안정해질 수 있습니다. 두 경우 모두 블록 비율이 비합리적으로 측정되며 비트코인 네트워크가 더 이상 작동하지 않게 됩니다.

그렇다면 난이도 목푯값은 어떻게 결정될까요? 비트코인이 처음 만들어졌을 때 목푯값은 다음과 같은 쉬운 숫자로 설정되었습니다.

$$26959535291011309493156476344723991336010898738574164086137773096960$$
$$\approx 2.7 \times 10^{67} \text{ or } 2^{224}$$

이 값의 의미를 이해하기 위해서는 다음 내용을 알아야 합니다.

SHA256 해시함수는 0~2^{256}(~1.16 × 10^{77}) 사이의 값을 출력하며, 이 목푯값은 2^{224}(최대 출력의 약 10억분의 1) 미만으로 해시값을 출력해야 합니다. 이는 0과 1 사이의 값을 출력하는 무작위 숫자 생성기가 블록을 해결하려면 0.0000000001보다 작은 숫자를 출력해야 하는 것과 비슷합니다. 이 목푯값은 이제까지 사용했던 비트코인 중 가장 쉬운 값입니다. 2009년 당시 대부분의 일반 개인용 컴퓨터는 초당 약 100만 개의 해시 또는 1MH/s 속도로 새 해시를 계산할 수 있었습니다. 해시가 이 목푯값보다 작을 확률은 10억분의 1이기 때문에 블록을 얻기 위해서는 1MH/s의 해싱을 할 수 있는 컴퓨터로 약 1,000초(약 17분)를 작업할 수 있어야 합니다.[11]

만약 더 빠른 컴퓨터가 2MH/s에서 채굴을 시작하면 목푯값은 자동으로 줄어들어 블록을 찾을 확률을 낮추게 됩니다. 즉, 시간이 더 걸리는 것이죠. 블록체인 헤더에 저장된 난이도는 비트코인 초기 목표치와 현재 목표치 사이의 비율로 표현됩니다. 처음 설정된 난이도는 1이었고 그 이후로는 대체로 계속 증가하고 있습니다. 해시율이 감소하면(네트워크에서 빠지는 컴퓨터가 있는 경우) 블록이 원래보다 10분 이상 늦게 발견되고 난이도는 저절로 낮아지게 됩니다. 그러나 이건 굉장히 드문 경우입니다.

보다시피 목표 숫자는 크고 다루기 어렵습니다. 따라서 비트코인 채굴에 대해 논의할 때 난이도를 계산하는 것이 더 편리합니다. 이는 사토시의 첫 번째 블록인 창세기 블록에 있는 목표 번호와 현재 목표 번호의 비율로, 다음과 같은 식으로 나타낼 수 있습니다.

$$\text{난이도} = \frac{\text{처음 목표}}{\text{현재 목표}}$$

난이도는 해시 속도의 증가나 감소에 즉시 반응하여 조정되지는 않습니다. 난이도는 블록체인의 블록이 2,016개 증가할 때마다 조정되고 약 2주마다(2,016 × 10분 = 14일) 난이도가 조정됩니다. 2,016개의 블록을 채굴하는 데 2주가 걸리지 않으면 난이도가 높아지지만, 2주 이상 걸리면 난이도가 낮아집니다.

처음 5년 동안 1이었던 비트코인의 채굴 난이도는 500억 이상으로 증가했습니다. 이런 난이도에서는 일반적인 개인용 컴퓨터나 노트북으로는 350만 년에 한 블록을 얻는 것도 행운이라고 할 수 있습니다! 이 난이도는 약 360,000,000,000MH/s 또는 360PH/s(Petahash/s)인 네트워크 해시 속도에 해당합니다. 전 세계의 슈퍼컴퓨터를 합치면 1PH/s 미만의 속도로 해시할 수 있습니다.

채굴 범위가 넓어지고 전문적인 하드웨어를 사용하게 되자 비트코인 채굴에 사용되는 컴퓨팅 파워는 놀라운 상승세를 보이게 됩니다. 첫해에 대부분의 채굴자는 비트코인을 채굴하기 위해 노트북의 CPU를 사용했습니다. 그 후 사람들은 컴퓨터 게임을 위해 고안된 그래픽 카드를 비트코인 채굴에 재사용할 수 있다는 것을 알게 됐습니다. 그래픽 카드, 특히 GPU(그래픽 처리 장치)는 CPU보다 수천 배 빨랐고 에너지 효율도 높았습니다. 얼마 후 하드웨어 개발자들은 컴퓨터 칩 프로토타입 개발에 필요한 특수 장치인 현장 FPGA Field programmable gate arrays를 사용하면 GPU보다 훨씬 더 빠르게 비트코인을 채굴할 수 있다는 걸 발견했습니다. 이때까지 아무도 비트코인 채굴을 위한 전용 하드웨어를 제조하지 않았습니다. GPU와 FPGA는 비트코인 채굴용으로 용도를 변경한 기성품 하드웨어였습니다. 하지만 비트코인 경제 규모가 커지자, 컴퓨터 칩 개발자들은 다음 사

▶ 아발론사의 초기 ASIC 비트코인 채굴기. 그리드에 배열된 소형 칩은 비트코인 해시 작업을 수행하도록 설계된 맞춤형 ASIC 칩.

진과 같은 특정 목적을 위한 주문형 반도체application specific integrated circuits,ASIC를 만드는 것이 더 효율적이라는 걸 깨달았습니다.

이러한 컴퓨터 칩은 가장 빠르고 가장 에너지 효율적인 방법으로 비트코인을 채굴하기 위해 특별히 제조한 것입니다. 비트코인 ASIC는 SHA256 해시를 계산하는 데 최적화되어 있습니다. 오늘날 사실상 모든 비트코인 채굴은 ASIC 기반의 하드웨어로 이루어집니다. 더 작은 칩(130nm에서 65nm으로, 그리고 28nm로)을 설계함으로써 속도와 효율이 계속 향상되고 있습니다. 따라서 단위 면적당 더 많은 계산을 수행할 수 있게 됐습니다. 혁신적인 하드웨어 성능은 네트워크 해시 속도를 크게 높였습니다. 비트코

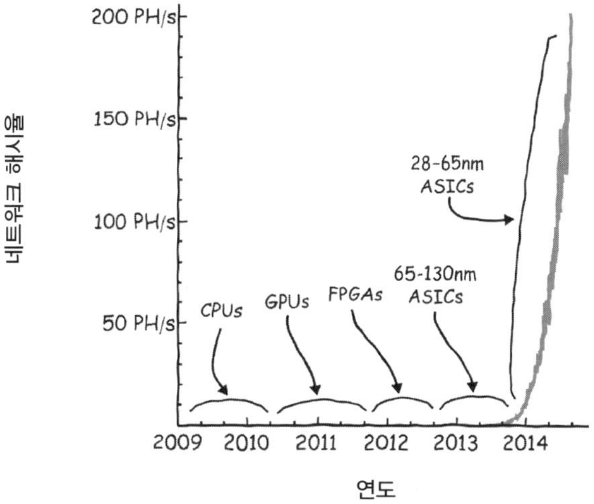

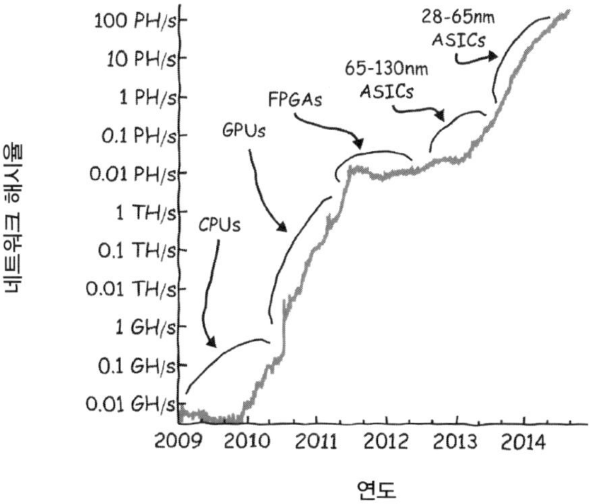

▶ 비트코인 네트워크에서 시간 경과에 따른 계산량(테라 해시terrahashes, 단위 또는 초당 해시 수조 개). 위 그래프는 y축에 전통적인 직선 모양 척도를 사용하는데, 2013년 ASIC 사용자들의 거대한 컴퓨팅 능력을 보면 이전의 모든 채굴 방법이 별것 아닌 것처럼 느껴집니다. 아래 그래프에서는 네트워크 해시율을 보여주는 로그 스케일을 사용하여 네트워크상 컴퓨팅 파워의 진행 상황을 더 명확하게 보여줍니다. CPU에서 GPU로, FPGA로, ASIC로 채굴 방식이 변화하는 과정이 보입니다.

인 가격이 상승하면 네트워크 해시 속도 또한 증가합니다.

난이도 500억에서 10TH/s가 가능한 비트코인 채굴 장치는 평균 8개월에 한 번 정도 블록을 찾을 수 있습니다. 보다 꾸준한 수입을 얻고자 하는 비트코인 채굴자들은 '채굴장pooled mining'에서 다른 채굴자들과 힘을 모으는 것이 최선입니다.

채굴장

비록 전체 네트워크는 10분마다 블록을 찾고 있지만, 개인 채굴자들의 경우 몇 달에 한 번 정도 블록을 얻을 수 있습니다. 수익 구조를 예측할 수 없기에 비트코인 채굴 사업을 계획하고 운영하는 건 어려울 수 있습니다. 계산 능력이 뛰어나지 않아서(전체 네트워크의 1퍼센트 해시도 소유하지 않는) 보상을 규칙적으로 제어하고 예측할 수 없는 대부분의 채굴자는 채굴장에 가입합니다.

채굴장은 계산 자원을 결합한 다음 블록 보상을 나누는 채굴자들의 집합체입니다. 채굴장은 네트워크의 관점에서 볼 때 단일 채굴 노드이지만, 수백 또는 수천 명의 채굴자가 노드 내의 해시를 계산하고 있습니다. 채굴장은 개별 채굴자보다 더 자주 블록을 해결합니다. 따라서 채굴자들의 수입이 더 자주 발생합니다. 채굴자들은 블록 해결을 통해 얻은 블록 보상을 각 채굴자가 기여한 해시의 수에 비례하게 나눕니다. 한 개인이 기여한 해시가 정확히 몇 개나 되는지 알기 어렵기 때문에 보편적으로 기여도 측정은 주식의 형태로 계산합니다. 채굴장마다 정확한 세부 사항이 다르지만 실제 목표에 비하면 훨씬 도달하기 쉬운 정도의 목표보다 더 적은 해시 출력을 계산할 때 채굴자는 주식 하나를 얻습니다. 이를 채굴자가 혼자 찾는 데는 최소 몇 년이 걸릴 수 있지만 채굴장에서 함께 찾는다면 몇 분밖에 걸리지 않을 것입니다. 채굴자에 의해 축적된 주식의 수는 채굴자가 기여한 채굴장의 해싱 전력량을 나타냅니다.

채굴장에서 평범한 비트코인 사용자는 채굴을 시도해볼 수 있으며 적당히 강력한 컴퓨팅 장치(USB 슬롯에 연결할 수 있는 저렴한 비트코인 채굴 ASIC 등)를 사용하여 작은 비트코인 조각들을 수집할 수 있습니다. 전기 비용을 고려하면 수익성이 없을 수 있지만, 네트워크 연산력으로 몇 개의 마이크로비트코인을 축적하는 과정에서 재미를 느낄 수는 있습니다.

수익을 위한 채굴

비트코인을 직접 채굴해야 할까요? 앞에서도 언급했듯 그러지 않는 편이 좋을 것입니다. 비트코인 채굴은 상당한 계산력을 필요로 하기 때문에 전기와 고가의 하드웨어, 그리고 공간이 필요합니다. 당신의 투자 수익률은 다른 채굴자의 수와 그들이 얼마나 많은 계산력을 제공하고 있는지에 크게 좌우될 것입니다. 네트워크에 배포되는 비트코인의 수는 채굴자 수에 영향을 받지 않기 때문에 채굴자가 많을수록 보상은 줄어듭니다. 비트코인 채굴은 에너지와 자본의 효율 면에서 값싼 전력과 가장 효율적인 하드웨어를 가진 사람들에게만 수익을 제공한다고 볼 수 있습니다. 하드웨어 제조업체들이 채굴 장치당 자본 비용이 가장 낮기 때문에 수익성이 높은 비트코인 채굴 업체들은 직접 하드웨어를 제조하는 경우가 많습니다. 이러한 제조업체는 비트코인 채굴에 사용되는 더 새롭고 더 효율적인 컴퓨터 칩(ASIC과 같은)을 설계하기 위해 자체 연구 개발 엔지니어를 고용하기도 합니다. 이처럼 비트코인 채굴은 경쟁이 심한 사업이며 비트코인 채택이 증가함에 따라 더욱 경쟁이 치열해질 것입니다.

당신에게 풍력 발전기나 태양 전지판이 있고 이로 인해 발생하는 잉여 전력이 있다면, 당신은 비트코인 채굴로 돈을 벌 수 있을지도 모릅니다. 하지만 비트코인을 직접 구매하는 것과 비교하면 여전히 자본 비용과 기회비용에 대한 세심한 고려가 필요합니다. 비트코인 채굴 사업의 가능성을 추정하는 과정에서 흔히 저지르는 실수는 환율에 너무 많은 비중을 두는 것입니다. 채굴에 드는 비용만큼 채굴 시작 시기에 투자했다면 구매할 수 있었을 비트코인 수와 비트코인 채굴 수익률을 비교해야 합니다. 앞으로의 환율 변화는 당신이 투자를 결정하는 데 별 영향을 끼치지 않아야 합니다. 환율이 비트코인당 200달러인 오늘 비트코인을 직접 채굴하는 것에 수익성이 없다고 판단한다면, 내일 환율이 비트코인당 1,000달러가 되어도 달라지는 건 없을 것입니다. 이 경우에는 비트코인을 채굴하는 대신 그냥 구입하는 편이 좋습니다.

더 중요한 것은 향후 해시율을 합리적으로 투영하는 것입니다. 미래를 예측하는 것은 불가능하지만 비트코인의 첫 10년 동안 네트워크 해시율은 계속해서 매우 빠르게 증가할 가능성이 높습니다. 다음 예시 계산을 참고하여 직접 비트코인을 사는 것보다 채굴하는 것이 수익성이 더 높다는 걸 발견하더라도 자신이 채굴 과정에서 훨씬 많은 일을 직접 해결해야 한다는 사실을 잊지 말아야 합니다!

예시 계산: 채굴할까, 구입할까

장비: Miners-R-Us에서 구입한 어마어마한 해시 능력을 가진 채굴기

해시 속도: 1TH/s

파워 소모: 0.4kW

가격: 5BTC (배달 비용 포함)

지역 전기료: 0.001BTC/kWh -> 매달 전기료: 0.30BTC

현재 난이도: 40억

블록을 해결하는 데 걸리는 시간 = 난이도 * 2^32 / (해시 속도)

= 40억 * 2^32 / 1TH/s = 1블록당 6.5개월 (1개월당 0.153 블록)

블록당 새로운 비트코인 개수 = 25BTC

블록당 거래 내역 처리 비용 0.5BTC

블록당 채굴 보상 = 25.5BTC

매달 수입 = 블록당 채굴 보상 * 1개월당 0.153블록 = 25.5 BTC * 0.153 = 3.92BTC

시나리오 #1 - 1개월마다 난이도가 100%씩 증가

1개월: 수입 = 3.92BTC, 전기 비용 = 0.30BTC, 해당 달 수입 = 3.62BTC

2개월: 수입 = 1.96BTC, 전기 비용 = 0.30BTC, 해당 달 수입 = 1.66BTC

3개월: 수입 = 0.98BTC, 전기 비용 = 0.30BTC, 해당 달 수입 = 0.68BTC

4개월: 수입 = 0.49BTC, 전기 비용 = 0.30BTC, 해당 달 수입 = 0.19BTC

5개월: (들어가는 전기료가 수입보다 더 커지므로 채굴 장비 끔!)

총수입: 3.62 + 1.66 + 0.68 + 0.19 - 5 = 1.15BTC (채굴 이윤이 남음)

시나리오 #2 – 1개월마다 난이도가 200%씩 증가

1개월: 수입 = 3.92BTC, 전기 비용 = 0.30BTC, 해당 달 수입 = 3.62BTC

2개월: 수입 = 1.31BTC, 전기 비용 = 0.30BTC, 해당 달 수입 = 1.01BTC

3개월: 수입 = 0.44BTC, 전기 비용 = 0.30BTC, 해당 달 수입 = 0.14BTC

4개월: (들어가는 전기료가 수입보다 더 커지므로 채굴 장비 끔!)

총수입: 3.62 + 1.01 + 0.14 - 5 = –0.24BTC (적자이므로 비트코인을 사는 게 나음)

비트코인 채굴용 하드웨어를 구입하기로 했다면 주의해야 할 게 있습니다. 비트코인 채굴 하드웨어를 판매하는 사람은 직접 채굴하는 것보다 당신에게 파는 것이 더 수익성이 있을 거라고 계산했다는 사실을 알아야 합니다. 공급 업체, 하드웨어 세부 정보, 배송 일정 등을 신중하게 조사해야 합니다. 예상한 것보다 몇 달 늦게 채굴 장치를 받는 게 투자 수익률의 결과를 좌우할 수 있습니다(네트워크 해시 속도가 더 높아지기 때문입니다).

이론적 해시율 한계

컴퓨터는 점점 더 발전하고 있고 에너지 효율은 계속 높아지고 있습니다. 이러한 상황에 만약 비트코인 채택 비율도 기하급수적으로 늘어난다면 네트워크 해시율은 크게 높아질 것입니다. 그럼 네트워크 해시율은 얼마나 높이 올라갈 수 있을까요? 점점 더 많은 컴퓨터가 비트코인을 채굴하는데 비트코인 가격은 고정되어 있다면, 결국 각 채굴자들이 버는 비트코인의 양은 전기 비용을 감당하지 못하겠죠. 네트워크 해시율의 한계는 채굴 장

채굴 장치	해시 속도(GH/s)	파워(W)	해시당 에너지(J/GH)
단일 코어 CPU 랩탑	0.0005	100	200,000
효율 높은 4코어 CPU 랩탑	0.02	50	2,500
평범한 400 코어 GPU	0.1	200	2,000
고성능 2000+ 코어 GPU	0.5	300	600
고성능 FGPA	0.8	40	50
130nm ASIC 장치	10	80	8
65nm ASIC 장치	60	240	4
28nm ASIC 장치	1,000	800	0.8

▶ 다양한 비트코인 채굴 하드웨어의 에너지 효율(해시 속도와 전력 소비량 비율로 계산).

비의 에너지 효율에 달려 있다고 볼 수 있습니다.

비트코인 채굴이 특정 유형의 하드웨어로 수익을 낼 수 있는지 판단하려면 하드웨어의 에너지 효율, 전기 비용, 네트워크의 전체 해시율을 고려해야 합니다. 다음 그래프는 이 세 요인의 상관관계를 보여줍니다.

그래프의 곡선은 전기 비용을 고려할 때 하드웨어가 얼마나 고성능이어야 하는지를 보여줍니다. 오른쪽에 있는 선들은 전기 비용이 더 많이 드는 경우를 나타냅니다. 전기 비용이 더 든다면 채굴 시 수익성을 얻기

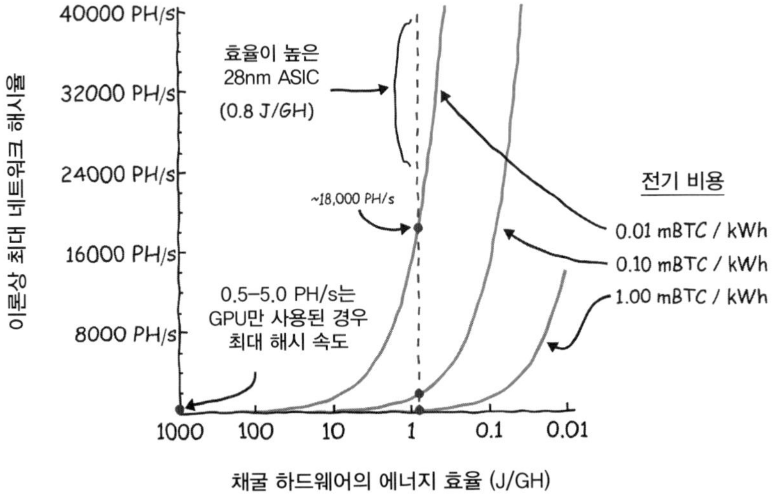

▶ 비트코인 네트워크의 하드웨어 효율성, 전기 비용 및 네트워크 해시율을 비교하기 위한 수익성 임계값 그래프입니다. 현재 전기 비용을 고려할 때, 채굴 하드웨어(J/GH)가 수익성을 유지하는 데 필요한 효율성을 알아볼 수 있습니다. 특정 네트워크 해시율에 대한 것이기도 합니다. 만약 해당 곡선이 채굴 장비의 전기 비용 곡선보다 낮게 그려진다면, 비트코인 네트워크에서 수익을 남기며 채굴할 수 있습니다.

위해 좀 더 고성능의 하드웨어가 필요하다는 것을 알 수 있습니다. 이 경우 '좀 더 고성능의 하드웨어'는 소비되는 에너지 1줄Joule(에너지 단위)당 소비 전력이 적은 하드웨어를 의미합니다.

비트코인의 값이 올라가면 전기의 상대적 비용이 감소하고 네트워크 해시율의 손익분기점이 높아집니다. 채굴 장치 효율이 0.8J/GH이고 전기 비용이 kWh당 0.01mBTC인 경우 채굴이 더 이상 유효하지 않은 네트워크 해시율은 18,000PH/s이며, 이는 2조 5,000억의 난이도에 해당합니다.

그렇다면 해시율이 지금보다 훨씬 더 높아질 수도 있을까요?

앞의 표에 등장한 ASIC 설계들은 형상 치수feature size가 감소하면 해시당 에너지의 값이 줄어든다는 것을 보여줍니다. 미래에 0.1J/GH만 사용하는 고효율 14nm ASIC가 존재한다고 가정할 경우 0.01mBTC/kWh에서 손익분기 해시 비율은 10만 PH/s보다 클 것입니다. 무어의 법칙[12]은 컴퓨터 칩이 가능한 가장 작은 크기에 도달했다는 회의론자들의 예측을 끈질기게 무시해왔습니다. 따라서 네트워크 해시율은 현재보다 훨씬 더 높아질 수 있습니다.

채굴의 분산화

비트코인은 탈중앙형 네트워크라는 점에서 가치를 지닙니다. 초기 단계에서는 누구나 비트코인 네트워크에 채굴 노드로 참여할 수 있었지만, 지금은 일반인은 참여하기 어려우며 자원, 전문 지식, 자본을 가진 전문가들이 채굴을 진행하고 있습니다. 그렇다면 이러한 추세는 비트코인을 재중앙화하고 있는 건 아닐까요? 이 주제는 비트코인 사용자와 채굴자, 개발자 사이에서 여전히 논란을 낳고 있습니다.

아직 구체적으로 논의되지 않은 또 다른 주제는 각 블록에 포함될 수 있는 거래 수의 제한입니다. 개인이 어떤 블록에 무한히 많은 거래를 포함할 수 없다는 의미에서 물리적 한계는 당연히 존재합니다. 그러나 비트코인 프로토콜에서는 규칙으로 더 작은 한도를 두었습니다. 즉, 물리적 한도가 블록당 수백만 거래 범위에 있을 수 있지만, 규칙 기반 한도는 수천 거래 범위에 있습니다.

한도를 정한다는 개념은 핵심 비트코인 소프트웨어의 개발자 중 한 사람이 적용했습니다. 이 핵심 소프트웨어로 인코딩된 프로토콜은 대부분의 채굴자가 지원하므로 대개 네트워크에서 가장 긴 블록체인의 속성을 택합니다. 자체 지정 한도의 원래 목적은 무의미한 거래(스팸 등)로 블록체인이 비대해지는 것을 막기 위한 것이었지만, 일부 사람은 이 한도가 탈중앙화 유지라는 더 큰 목적을 위한 것이라고 주장하기도 합니다.

체인을 구성하는 블록이 지금보다 훨씬 더 커지면 채굴자들은 더 빠른 컴퓨터가 있어야 할 것이며, 시스템은 상당한 양의 데이터를 저장할 수 있는 기능을 갖춰야 할 것입니다. SHA256 해시를 빠르게 수행할 수 있는 컴퓨팅 장치뿐 아니라, 채굴 노드 및 중계 노드에 블록체인의 전체 사본을 저장할 수 있는 충분한 저장 공간도 필요한 것입니다. 이는 채굴자들의 자본 투입을 더욱 증가시킬 것이며 채굴자들 중 일부는 불가피하게 채굴 작업을 포기해야 할 수도 있습니다. 채굴 노드가 줄어들면 네트워크는 단계별로 더 중앙집중화될 수 있습니다. 이러한 이유로 일부 채굴자들은 블록당 거래 수를 적게 제한해야 한다고 주장해왔습니다. 그렇다면 이 주장은 정당한 걸까요?

비록 복잡한 문제이기는 하지만 금광에 비유해보면 쉽게 이해할 수 있습니다. 금은 중앙에서 관리하는 상품인가요? 금을 채굴할 수 있는 자원, 시간, 전문 지식을 가진 사람은 거의 없습니다. 하지만 금광 독점권은 존재하지 않습니다. 자금 조달이 잘된 어떤 기업이 금광을 찾아내서 금을 채굴할 수 있습니다.

마찬가지로 비트코인 채굴은 (일반 사용자가 수행하기에 어려움이 많은 작업이라서) 기업과 단체가 주로 착수하는 작업이 되었지만, 단일 기관이 비트코인 채굴을 독점적으로 통제하는 일은 결코 없을 것입니다. (그럼에도 앞으로 비트코인 채굴자 수의 증감을 예의주시하는 편이 좋겠죠.)

7장

비트코인 2030

비트코인이 어마어마한 성공을 거두었다고 가정해보겠습니다. 2030년, 세계는 어떻게 바뀌었을까요?

2030년에는 2,000만 개의 비트코인이 유통되고 있습니다. 2,100만 개의 전체 비트코인에서 100만 개를 제외한 나머지 비트코인이 모두 채굴됐습니다.

불행하게도 크롤리의 미래는 그다지 밝지 않습니다. 그는 편리하고 안전하게 비트코인을 저장하는 방법에 주의를 기울이지 않았고, 악명 높은 피싱이 있었던 2025년에 모든 비트코인을 잃었습니다. 그는 평일에는 부동산 중개인으로 일하고, 주말에는 트럭 운전을 하며 생계를 유지하고 있습니다.

2,000만 비트코인의 생김새는 어떨까요? 1페니 크기의 비트코인 2,000만 개를 빽빽하게 쌓으면, 크롤리가 운전하는 미국 표준 크기의 53피트짜리 트레일러 내부를 가득 채울 수 있습니다!

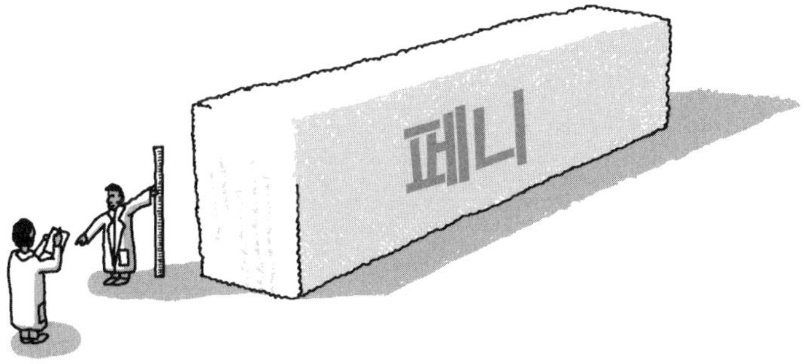

2030년 비트코인의 역할

2030년, 비트코인의 가치에는 어떤 변화가 있을까요? 비트코인의 가치를 결정짓는 요소는 아주 다양합니다. 그렇기에 비트코인의 가치를 예측하는 건 어려운 일입니다. 그러나 비트코인이 주류가 되어 많은 사람이 사용한다는 가정하에 비트코인의 가치를 예측해볼 수 있습니다.

전 세계의 10억 명이 활발하게 비트코인을 사용하는 세상을 상상하며 7장을 진행하겠습니다. 이 숫자는 미래 인구 전체를 포함한 숫자는 아닙니다. 2030년에 전통적인 통화도 계속 사용할 것으로 전망되기 때문입니다. 그렇다면 이 미래 세계에서 일반적인 비트코인 사용자는 얼마나 많은 양의 비트코인을 가질 수 있을까요? 2030년에 2,000만 개의 비트코인이 통용된다는 걸 감안하면, 한 사람당 평균 0.02개의 비트코인을 소유하게 됩니다. 물론 부는 결코 균등하게 분배되지 않을 것입니다. 모든 가능성을 고려해볼 때 상위 1%가 비트코인을 50% 이상 소유할 것입니다. 불행히도 비트코인은 부의 불균등을 스스로 해결할 수 있을 것 같지는 않습니다. 따라서 지극히 보통 사람인 '샘'은 약 0.01개의 비트코인을 소유하게 될 텐데, 아마 이때는 0.01개의 비트코인을 1만 마이크로비트코인이라고 부를 것입니다.

비트코인으로 채워진 트레일러를 다시 떠올려봅시다. 샘이 저축한 자산은 1페니 크기의 조각으로 구성돼 있습니다. 조각 하나의 크기는 1입방 밀리미터입니다.

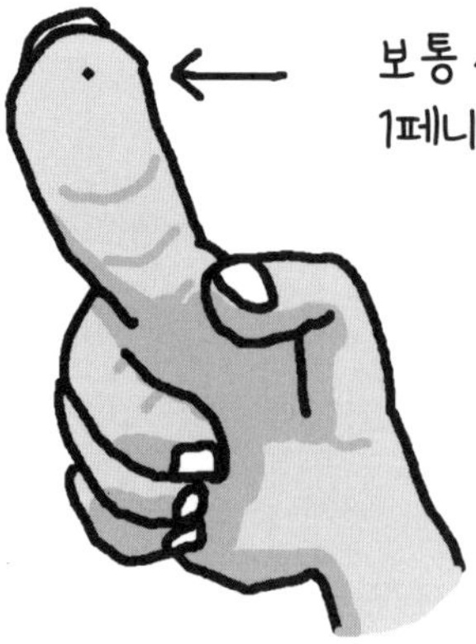

비트코인은 저장고 역할을 할 때 가장 높은 가치를 지닙니다. 샘은 1,250달러를 1마이크로비트코인에 저장할 수도 있습니다. 그렇다면 1비트코인은 1,250달러를 0.01로 나눈 값, 즉 12만 5,000달러가 됩니다.

2030년 비트코이너의 하루

크롤리의 하루를 따라가봅시다. 크롤리는 아침에 눈을 뜨며 하루를 시작합니다. 크롤리는 어젯밤 최적의 수면을 이루도록 도와주는 디지털 팔찌를 차고 잠이 들었습니다. 이 디지털 팔찌는 크롤리가 깨기 직전의 몸 상태를 익명으로 인터넷에 올립니다. 그러면 이 정보를 받은 전 세계 머신러닝 시스템이 작동하여 크롤리를 언제 깨우는 것이 가장 적절한지 비트코인을 통한 입찰에 들어갑니다. 이 입찰에서 우승한 알람은 크롤리가 최대한 늦게까지 자도록 돕습니다.

크롤리는 아침에 뜨거운 물로 오래 샤워하는 것을 좋아하기 때문에 자주 뜨거운 물이 부족하곤 했습니다. 그런데 최근 같은 아파트에 사는 한 주민이 산업용 온수기를 설치하고 다른 세입자들에게 온수를 팔아 설치 비용을 충당하고 있습니다. 크롤리의 온수 수도꼭지에 있는 칩은 온수기에 붙어 있는 칩으로 비트코인을 자동 송금합니다. 크롤리가 샤워기 손잡이를 시계 방향으로 돌리면 더 많은 비트코인이 보내지고 샤워기에서 더 많은 온수가 흘러나옵니다.

크롤리는 집을 나서면서 디지털 팔찌를 이용해 잔디 깎기 로봇으로 몇 개의 사토시를 보냅니다. 길가의 잔디 깎기 로봇 수리점이 이 잔디 깎기 로봇을 만들어서 집마다 무상으로 제공합니다. 이 로봇은 잔디를 깎아 자체적으로 비트코인을 법니다. 그중 일부를 (더 많은 수익을 내도록) 자신의 AI 알고리즘을 개선해달라고 수리점의 프로그래머에게 보냅니다. 로봇들은 정기적으로 수리점을 방문해서 업그레이드를 받습니다.

오늘 크롤리는 출근길에 버스를 놓쳤습니다. 크롤리의 숙취를 알아

채지 못한 낙찰자가 시계의 알람이 울리는 시간을 출근 시간에 너무 가깝게 설정했기 때문입니다. 보통은 이 시간에 크롤리의 디지털 팔찌가 20사토시를 낙찰자에게 보상으로 제공합니다. 그러나 오늘 크롤리가 버스를 놓쳤다고 판단한 디지털 팔찌는 알람이 울리는 시간을 설정한 낙찰자가 입찰 과정의 일부로 설정해둔 에스크로 계좌에서 100사토시를 보험료로 가져왔습니다. 결과적으로 크롤리의 기상 시간을 설정했던 낙찰자는 오늘 입찰에서 손해를 보게 됐습니다. 프로그래머는 이를 바탕으로 알고리즘에 문제가 없는지 살펴봅니다.

에스크로 계좌에서 송금받은 사토시로 크롤리의 디지털 팔찌는 근처에 주차된 자율주행차들을 대상으로 즉석 비트코인 경매를 열었습니다. 입찰에 승리한 자동차를 타고 크롤리는 빠르게 출근합니다.

오늘 부동산 고객이 크롤리에게서 집을 구매하려고 합니다. 2023년 시행된 디지털부동산개혁법 이후 모든 주택은 각각의 사토시를 부여받고 이를 통해 소유권 관리가 이루어집니다. 이는 현재의 부동산 등기부와 같은 역할을 합니다. 즉, '컬러드코인'과 같다고 볼 수 있습니다. 사실상 이 사토시가 다른 사람에게 넘어가면 그 사람이 이 사토시에 부여된 재산의 법적 소유권을 얻게 되는 것입니다.

2030년, 크롤리는 블록체인 전체에서 집과 연결된 사토시의 소유권을 추적해 부동산 소유권을 알아봐달라고 비트코인 지갑에 요청합니다. 이는 블록체인에서 열람할 수 있으며 100%의 정확성도 보장합니다. 지갑 소프트웨어는 즉시 무료로 검색을 수행합니다.

주택 판매를 완료하기 위해 구매자와 판매자는 다중 서명 거래를 간단히 입력해야 합니다. 단일 거래의 경우 구매자는 150마이크로비트 비트코인을 판매자의 주소로 보내고, 판매자는 컬러드사토시를 구매자에게 보냅니다. 단일 거래를 하는 경우 구매자와 판매자 양쪽 모두가 개인 키로

컬러드코인이란?

돈의 결정적인 특징 중 하나는 대체 가능하다는 것입니다. 만약 여러분이 5센트로 사탕을 사려고 한다면, 어떤 5센트를 사용해야 할지 고민할 필요는 없습니다. 가지고 있는 5센트 중 어느 것을 사용하든 사탕을 살 수 있습니다. 하지만 비트코인은 다릅니다. 블록체인이 공개돼 있고 이를 바탕으로 코인의 역사를 추적하는 것이 가능하기에 대체 불가능한 화폐, 즉 다른 종류의 '색'을 입힌 화폐를 만드는 것이 가능합니다.

예를 들어 400개의 좌석이 있는 극장에서 콘서트를 연다고 가정해봅시다. 콘서트 당일, 400명 이상의 사람이 오지 않도록 방지하는 방법은 400명의 지인에게 400밀리비트의 비트코인을 나눠주는 것입니다. 그리고 이렇게 공지합니다. "제 콘서트에 와주세요! 하지만 만약 여러분이 그날 콘서트를 관람할 수 없다면, 자유롭게 이 밀리비트를 교환하거나 팔아도 좋습니다."

콘서트가 열리는 날, 참석하는 모든 사람에게 이 400밀리비트를 다시 보내달라고 요청합니다. 블록체인에서 각 밀리비트를 추적하여 이 밀리비트가 처음에 당신이 보낸 400밀리비트 중 하나인지를 확인할 수 있습니다. 당신이 임의로 400명에게 특별한 부가 가치를 부여하기로 결정했다는 사실 외에 이 400밀리비트에 특별한 점은 없습니다. 이것을 코인에 색칠한다고 표현합니다. 이 과정을 통해 400명 이하의 사람들은 유효한 표로 콘서트에 참석할 수 있고, 지인들은 주어진 코인을 자유롭게 쓸 수 있습니다. 이러한 시스템은 주택의 소유자를 파악하기 위해 자산 소유권을 추적할 때도 사용할 수 있습니다.

코인들을 직접 블록체인에서 추적하는 건 어려울 수도 있습니다. 비트코인에 색을 칠하고 추적하는 과정을 자동화해주는 소프트웨어가 존재합니다. 잘 확립된 프로토콜과 도구를 사용한다면 어렵지 않게 비트코인을 추적할 수 있을 것입니다.

거래에 서명할 때까지 거래는 완료되지 않습니다. 이 거래에는 수수료 1%가 포함되며 이는 거래가 완료되는 대로 부동산 중개업자에게 송금됩니다.

블록체인이 재산의 소유권을 추적하는 데 사용됐기 때문에, 주택 명의와 관련된 보험과 부동산 매매 수수료(중개 수수료를 제외한)는 거래 수수료로 처리됩니다. 이는 대단히 저렴할 것입니다. 어쩌면 1센트보다 적은 금액일 수 있습니다.

집으로 향하기 전에 크롤리는 나일강에 사는 엄마에게 돈을 보냅니다. 크롤리의 엄마가 사는 부룬디의 마을에는 0.5%의 수수료만 받고 비트코인을 부룬디 프랑(지역 화폐)으로 환전해주는 비트코인 거래소가 있습니다. 물론 세계 어디서든 비트코인을 이용해 대부분의 물품을 직접 구매할 수 있으니 이 수수료를 저렴하다고 보기는 어렵습니다.

날이 좋아서 크롤리는 버스를 타는 대신 집까지 운동 삼아 걸어가기로 합니다. 가는 길에 저녁을 해결해야겠다고 마음먹습니다. 크롤리는 자

신이 지나가는 곳 근처에 사는 소피아라는 사람이 방금 저녁 준비를 하다가 샐러드를 지나치게 많이 만들었다는 정보를 얻습니다.

소피아가 샐러드의 사진을 찍어서 음식 공유 사이트에 올린 것입니다. 이전에 소피아의 샐러드를 먹어본 소비자들이 이 사이트에 리뷰도 남겨두었습니다. 리뷰를 남기는 이들에게 사이트에서 소량의 비트코인을 제공하기 때문에 사람들은 활발하게 음식 리뷰를 남깁니다. 크롤리의 휴대폰에 소피아가 만든 샐러드의 정보가 뜬 것도 이 리뷰들 때문인지도 모릅니다. 크롤리는 이 사이트에서 상세 조건을 달고 검색합니다. 집으로 향하는 길에 15사토시 이하로, 10점 만점에 8점 이상의 평가를 받은 음식을 구매할 수 있는지 알아본 것입니다. 바로 이 조건을 소피아의 샐러드가 충족시켰습니다!

크롤리가 소피아네 초인종을 누르자, 초인종의 근거리 무선 통신 칩 Near Field Communication, NFC 이 크롤리의 디지털 팔찌와 통신하여 샐러드에 대한 계약을 체결합니다. 자동으로 소피아의 초인종이 크롤리의 디지털 팔찌에

15사토시를 요구하는 청구서를 보냅니다.

소피아는 어떻게 크롤리가 신뢰할 만한 상대인지 알 수 있을까요? 크롤리는 익명의 신용평가 서비스를 1사토시에 구독하고 있습니다. 이 서비스는 소피아에게 크롤리의 신용등급 점수가 10점 만점에 9.5점이라고 보증해줍니다. 이 등급 서비스는 문서 형태로 비트코인 블록체인 안에 구축돼 있습니다. 타인의 신용등급을 확인하는 사용자는 등급 서비스에 작은 수수료를 지불하며, 등급 서비스(컴퓨터 프로그램)는 이 수수료를 온라인 광고 비용으로 사용합니다. 사실상 신용등급 확인 서비스는 사이버 공간에만 존재하며, 필요한 자원에 대한 대가를 스스로 지불하는 금융 법인이라고 볼 수 있습니다. 이러한 종류의 법인은 블록체인 기술을 바탕으로 구현이 가능하며 분산 자치 법인이라고 부릅니다.

마침내 집으로 돌아온 크롤리는 푹신한 의자에 앉아 텔레비전을 보

며 휴식을 취합니다. 그가 가장 좋아하는 영화 〈해리포터와 블록체인 포크〉 방영 중간에 피자 광고가 등장합니다. "이런! 오늘 저녁으로 먹은 샐러드가 건강에는 좋았지만, 그 돈으로 피자를 먹을 수도 있었는데……."

갑자기 피자 광고가 나타난 건 우연이 아닙니다. 크롤리의 집 앞을 지나가던 피자 배달 트럭이 크롤리의 텔레비전에 송출할 광고 경매에 뛰어들어서 비트코인으로 피자 광고를 보여줄 권리를 얻은 것입니다!

크롤리는 그저 입을 벌리기만 하면 됩니다. 크롤리의 신호를 감지한

텔레비전의 동작 인식 시스템이 8사토시를 피자 배달 트럭으로 보냅니다.

피자 배달 트럭은 크롤리의 집에서 뻗어 나온 컨베이어 벨트에 피자 한 조각을 올립니다. 컨베이어 벨트는 몇 초 만에 피자를 집 안으로 옮겨 줍니다. 크롤리가 앉은 의자 아래에서 로봇 팔이 나옵니다. 로봇 팔은 컨베이어 벨트의 피자 조각을 집어서 크롤리의 입에 넣습니다.

여러분은 비트코인 거래에 기반을 둔 세상이 끔찍한 디스토피아일 거라고 생각했을지도 모릅니다. 하지만 모든 것이 비트코인으로 운영되는 2030년 크롤리의 하루를 본 여러분의 생각은 조금 달라졌을 것입니다.

비트코인의 미래

1687년, 아이작 뉴턴은 인류 역사상 가장 위대한 저서 중 하나인《프린키피아Principia》를 출간했습니다. 이 책은 뉴턴의 명성을 드높였습니다. 뉴턴이 이 책에서 역사상 처음으로 중력의 영향 아래에서 행성과 다른 물체의 움직임을 정확하게 묘사할 수 있는 수식들을 발표했기 때문입니다.

《프린키피아》에는 미적분학에 대한 아이디어도 포함돼 있습니다.[13] 컴퓨터, 스마트폰, 심지어 원자폭탄과 같이 현대 사회가 의존하는 도구들은 뉴턴이 발견한 중력 이론 없이 존재했을 수도 있지만, 미적분학 없이는 개발되기 어려웠을 것입니다.

하지만 17세기 유럽에서 대부분의 사람은 미적분의 가치를 알아보지 못했습니다. 뉴턴은 이 추상적이고 혁신적인 개념을 행성의 움직임을 설명하는 낭만적인 도구로 사용했습니다.

사토시 나카모토의 비트코인 논문이 역사적으로 중요한 과학 출판물로 취급될 수 있을지 논의하기에는 아직 이른 시점입니다. 하지만 한 가지 분명한 사실은 뉴턴이 행성의 움직임을 제대로 설명하기 위해 미적분이 필요했던 것처럼 사토시는 암호화폐의 이상적인 개념을 알리기 전에 블록체인에 대한 아이디어를 구축해야만 했습니다.

그러나 미적분과 중력의 법칙과는 달리 블록체인과 암호화폐의 개념은 동전의 양면과 같은 불가분의 관계입니다. 블록체인이 제공하는 보안 없이는 분산된 형태의 화폐가 존재할 수 없습니다. 마찬가지로 블록체인은 블록체인의 생성에 기여하는 사람들에게 혜택을 제공하지 않고는 만들어질 수 없습니다. 또한 사람들에게 유일하게 효과적인 혜택은 분산된 형태의 돈입니다!

사토시 나카모토의 천재성은 혼자서는 존재할 수 없는 두 가지의 기술을 연관 지은 데 있습니다. 두 기술은 개별적인 개념으로는 작용할 수 없지만 하나의 시스템으로 결합하자 충분한 가능성을 지닌 실용적인 결과를 만들어냈습니다!

비트코인의 미래는 명확합니다. 분배된 자산 장부의 기술과 혜택을 창출하여 제공하는 화폐의 결합은 사라지지 않고 우리 곁에 계속해서 남

아 있을 것입니다.14 이 시스템은 임의의 중앙 기관에 신뢰를 기반으로 자산 관리를 위임해야 했던 이전의 상황보다 훨씬 더 효율적입니다. 정부와 중앙 기관들은 미래에도 사라지지 않고 의미 있는 역할을 할 것이라고 확신하지만, 현재 이들이 수행하는 작업 중에는 불필요하게 반복되는 비효율적인 업무들이 존재한다는 것도 사실입니다.

로봇의 출현이 인류의 의미 없는 육체노동을 줄여주었듯, 암호화폐 기술은 관료주의가 만들어낸 의미 없는 노동을 자동화할 수 있는 도구를 제공합니다. 낙관적으로 보면 이 기술은 인류 전체에 이익을 가져다줄 것입니다.

부록:
이상한 세계의 알트코인altcoin
BBQ
"누군가가 비트코인의 소스 코드를 복사해서 새로운 화폐를 만드는 걸 저지할 방법이 있나요?" 비트코인을 처음 접하는 사람들이 갖는 궁금증 중 하나입니다.
이에 대한 답을 하자면 "없습니다."
비트코인의 초창기 복제본으로 라이트코인LITECOIN이 있습니다.
저는 GPU 기반의 채굴 알고리즘을 사용합니다!
라이트코인을 기반으로 깃털코인FEATHERCOIN이 생겼고……
제가 다른 코인들보다 훨씬 가볍다는 게 과학적으로 증명되었습니다!
무게
BTC LTC FTC

그리고 최근엔 도지코인DOGECOIN이라는 것이 유명해졌습니다.
와, 완전 새로운데!
요즘 유행은 지형학적 위치에 따라 새로운 코인을 만드는 겁니다. 예를 들면 아프로디테코인처럼요.
사이프러스Cyprus에 오신 걸 환영합니다!
이 모든 알트코인은 복잡한 경제 문제를 불러일으킵니다. 비트코인의 가장 중요한 발명은 디지털 통화의 희소성을 찾아냈다는 겁니다.
비트코인은 절대 2,100만 개를 초과하지 않을 것입니다!
하지만 누구나 그들만의 디지털 자산을 만들 수 있다면 디지털 통화의 희소성이 의미가 있을까요?
철수코인은 절대 10억 개를 초과하지 않을 것입니다!
영희코인은 절대 1조 개를 초과하지 않을 것입니다!
채굴 장비를 몰리코인 쪽으로 흔드는 사람에게 1,000조 몰리코인을 바로 쏘겠습니다!

비트코인만큼 쉽게 복제한다는 것이 얼마나 힘든 일인지 이해하기 위해, 제조가 쉽지만 여전히 매우 비싼 다른 것을 살펴보죠. 그 예는 바로 치약!
왜 미국 호텔이 공짜 치약을 제공하지 않는지 아시나요?
사람들이 샴푸는 생소한 브랜드여도 사용하지만 독이 들어 있을지도 모르는 화학 물질을 자신의 입안에는 넣지 않을 거라는 걸 호텔 경영인들이 잘 알고 있기 때문이죠.
따라서 대부분의 미국 사람은 다음과 같은 아주 유명한 치약만 사용하는 게 안전하다고 느낍니다.
?
MAHOGANY GARDEN TOOTHPASTE
Aim
Close-UP
Colgate
Crest
Sensodyne
실제로 보통 사람들이 50여 개나 되는 브랜드의 치약을 모두 사용해볼 수는 없기 때문에 5개의 브랜드가 수요의 거의 전체를 차지하게 됩니다. 그래서 약국에서 0.99달러에 샴푸는 살 수 있지만 5달러 이하의 치약은 절대 살 수 없습니다.

사람들이 치약의 신뢰성을 브랜드 기준으로 평가하는 것과 같이 돈도 브랜드에 따라 신뢰성을 검증하려고 할 것입니다. 그렇기 때문에 시장 가격이 100억 달러를 넘는 암호화폐의 종류는 10개가 넘지 않을 거라고 예상할 수 있습니다!

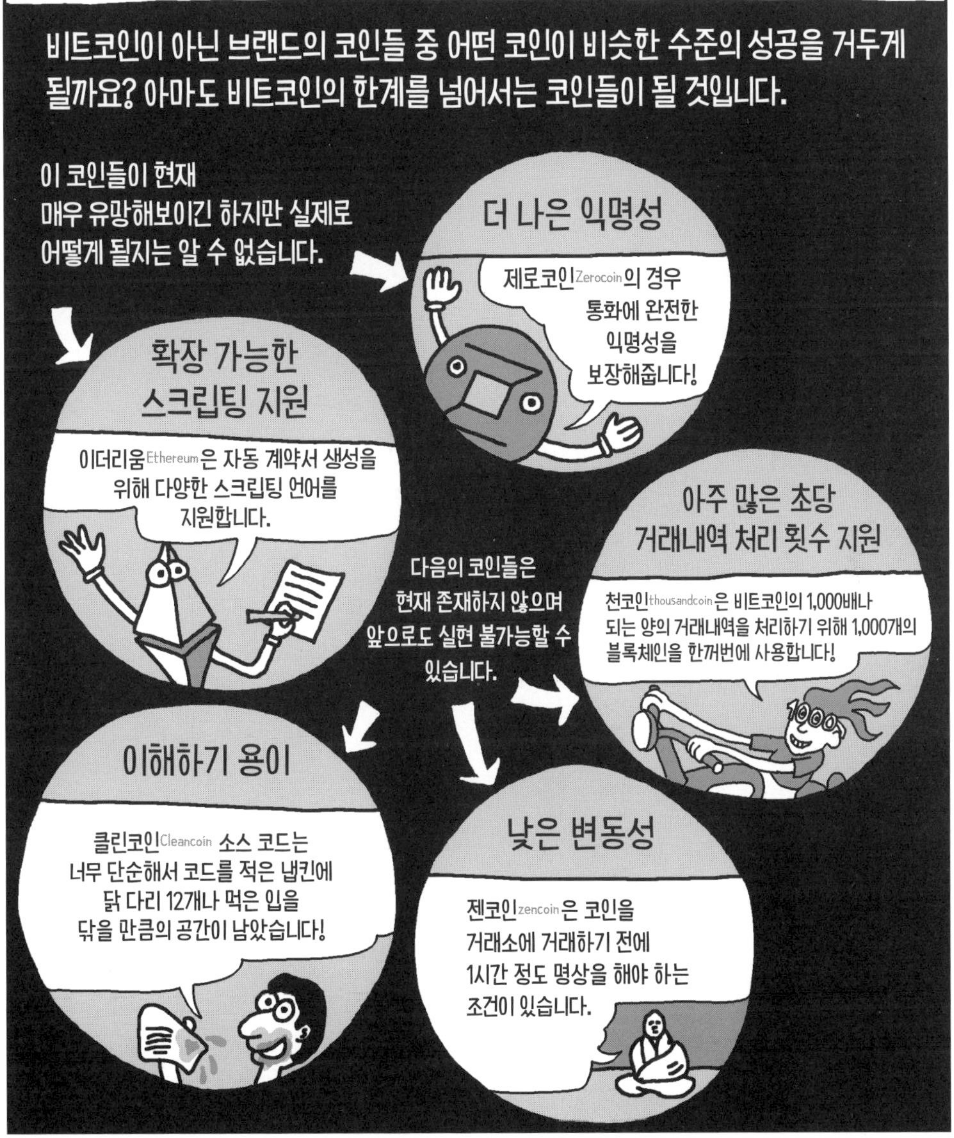

옮긴이 후기

비트코인에 대해 알게 된 것은 2013년 박사후 과정을 위해 미국 노스웨스턴 대학의 한 연구실에 근무했을 때였다. 당시 연구실에는 소위 말하는 '스타' 대학원생이 하나 있었는데 옮긴이가 처음 연구실에 들어서자마자 그에게 "너 비트코인이 뭔지 아니?"라는 질문을 받아서 당황스러웠던 기억이 난다. 이 대학원생이 바로 이 책의 저자 크리스 월머다. 그는 비트코인에 대해서 2011년부터 많은 관심을 가졌고, 또 바쁜 대학원 생활 중에 비트코인과 관련된 책도 썼다. 이 사실을 알게 되면서 비트코인에 대한 나의 흥미도 점점 커졌다. 특히 비트코인의 작동 원리인 블록체인의 개념과 이에 대한 가능성은 공학자인 옮긴이에게 매력적으로 다가왔다.

화학공학과 비트코인은 크게 관련이 없는 주제라고 생각하기 쉽다. 그러나 분명 유사한 지점이 있다. 20세기에 화학공학이 석유로 인해 중흥기를 맞이했다면, 데이터가 새로운 석유인 21세기에는 그때처럼 점점 빅데이터 관련 기술들의 중요성이 커지고 있다. 따라서 미래의 화학공학자들은 데이터라는 새로운 석유를 잘 다루어야 한다. 데이터 중 특히 의료 데이터의 경우 개인 정보 보호를 위한 보안이 중요하다. 비트코인의 작동 원리인 블록체인 개념을 바탕으로 한다면 의료 데이터와 같이 개인 정보 보호가 중요한 데이터를 지키기 위한 강력한 보안 시스템을 구현할 수도 있다.

안타깝게도 현재 한국 사회에서 비트코인이라는 단어는 도박이나 사기를 떠올리기 쉬운 이미지로 인식되고 있다. 실제로 2017년에 비트코인은 전 세계적으로 가격이 치솟으며 지대한 관심을 불러일으켰지만 2018년에 가격이 급락하면서 많은 투자자들이 손해를 입기도 했다. 하지만 우리가 집중해야 할 부분은 투기 대상으로서의 비트코인이 아니라 100여 년 넘게 점진적으로 발전해온 현대 금융과 계약을 대체할 새로운 기술의 출현이라고 생각한다. 저자들이 서문에서 서술한 것처럼 10년 후에 이 책이 어떤 식으로 읽힐지는 아무도 모른다. 하지만 이 책에 담긴 비트코인의 기본 작동 원리나 개념들은 어떠한 방식으로든 현재를 살아가는 이들에게 도움이 되는 방향으로 계속 진화할 것이다.

마지막으로 이 책이 출간되기까지 믿고 도와주신 미래의창 편집부와 함께 번역하느라 고생하신 임소영 교수님, 그리고 책 오탈자를 꼼꼼하게 봐준 이슬찬 학생에게 감사의 말을 전하고 싶다.

정용철

주

1. http://users.ece.cmu.edu/~adrian/projects/memoire1/memoire1.html
2. http://www.research.utoronto.ca/what-is-bitcoin/
3. Paul Krugman, "Bitcoin Is Evil," *New York Times*, December 28, 2013, http://krugman.blogs.nytimes.com/2013/12/28/bitcoin-is-evil/.
4. QR 코드 외에도 비트코인 주소 단축 서비스로 축약된 비트코인 주소의 처음 몇 문자만 공유하는 손쉬운 방법이 있다. 비트코인은 버전 0.9 이상부터 기존 비트코인 주소를 쉽게 읽을 수 있는 비트코인 주소로 대체하는 방식도 지원한다. 이는 사용자의 편의를 위해 123.100.101.111 같은 형태인 IP 주소를 toys.com과 같은 웹사이트 주소로 대체하는 URL 단축 서비스와 유사한 것으로 이해할 수 있다.
5. 신용카드보다 비트코인을 사용하는 것이 개인 정보 보호에 더 도움이 되지만 이를 완벽한 해결책이라고 보기는 어렵다. 온라인 개인 정보를 보호하는 TOR 브라우저를 사용하는 것처럼 다른 도구를 함께 사용해야 하는 경우도 있다.
6. Blockchain.info와 블록체인으로 알려진 공공기관은 완전히 다른 조직이다. 일부 비트코인 업체가 비트코인 언어와 기술 전문용어를 사용해 기업명을 짓기도 하는데 이는 종종 혼란을 초래한다.
7. http://bitcoinarmory.com
8. http://bitrated.com/

9. Jim Gray', "Notes on Data Base Operating Systems," Operating Systems, An Advanced Course (London: Springer-Verlag, 1978)
10. https://bitcointalk.org/oldSiteFiles/byzantine.html
11. 10억 번 시도해서 10억 번 해시를 찾을 확률은 ~63.2%이다. 수학적 용어로, 확률은 1 – 1/e이며, 여기서 e는 대략 2.718에 해당하는 비합리적인 수학적 상수다.
12. 인텔의 공동 설립자 고든 무어**Gordon E. Moore**가 정립한 무어의 법칙**Moore's Law**은 컴퓨터 칩의 트랜지스터 수가 2년마다 두 배로 증가한다는 이론이다. 이 법칙은 실제로 컴퓨터 칩의 형상 치수가 계속 작아지면서 40년 이상 지속되고 있다.
13. 독일의 수학자이자 미적분학의 공동 발명가 고트프리트 라이프니츠**Gottfried Wilhelm Leibniz**(1676 - 1716)가 《프린키피아》에 어느 정도 공을 세웠는지는 아직 논쟁거리로 남아 있다.
14. '비트코인' 형태가 아닌 새로운 통화들이 비트코인을 추월할 수도 있다는 것을 염두에 두어야 한다. 블록체인 기술이 다른 암호 해독기에 채택될 수도 있다.

암호학자 크롤리와 함께하는

세상 친절한 비트코인 수업

초판 1쇄 발행 2019년 11월 12일

지은이 콘래드 바스키 · 크리스 윌머
옮긴이 정용철 · 임소영
펴낸이 성의현
펴낸곳 미래의창

편집주간 김성옥 **편집부장** 박정철
책임편집 한미리 · 조은서 **디자인** 박고은
마케팅 연상희 · 황현욱 · 김지훈 · 이보경

등록 제10-1962호(2000년 5월 3일)
주소 서울시 마포구 잔다리로 62-1 미래의창빌딩(서교동 376-15, 5층)
전화 02-338-5175 **팩스** 02-338-5140
ISBN 978-89-5989-614-1 03320

※ 책값은 뒤표지에 있습니다. 잘못된 책은 서점에서 바꿔 드립니다.

이 도서의 국립중앙도서관 출판예정도서목록(CIP)은 서지정보유통지원시스템 홈페이지(http://seoji.nl.go.kr)와 국가자료공동목록시스템(http://www.nl.go.kr/kolisnet)에서 이용하실 수 있습니다.(CIP제어번호: CIP2019039538)